ゲームと不登校

学校復帰へのサインを見逃さないために

不登校4500人を
進学させた
NPO法人
「まほろび」理事長

Moriya Shunichi
守矢俊一

ブックマン社

プロローグ

息子が不登校になったのは、中学校1年生の夏休み明けからでした。

きっかけは休み中に起きたいくつかのアクシデントですが、決定打となったのは、夏休みが終わる2週間前の新型コロナウイルス感染でした。

息子と私はホテルに隔離され、やっと解放されたときには始業式2日前。体調が悪くて宿題が終わらなかったことは、完璧主義の息子にとって大きなダメージとなりました。でも、不登校の本当の原因となったのは、息子が学校の授業も部活も頑張っていた一学期中のもろもろの出来事だったようです。

学校に行けなくなってからの1週間、息子は昼も夜も眠り続けました。しばらくして体調も回復したため、学校に行く準備をして玄関まで行くと腹痛と下痢が襲ってきます。それが数日続いてからは、朝になると症状が出るため、だんだんと玄関までも行けなくなりました。

私も息子を学校に行かせようと一緒に準備をするのですが、そもそも身体の症状に息子自身が驚いていて、「学校に行きたいのに行けない。身体がおかしいんだよ。なんでそうなるのかも分からない。絶対変だからカウンセリングを受けたい。カウンセラーさんは学校に行ける方法を教えてくれるんでしょ」と言い出したのです。

子どもが不登校になったかも？　と感じて私が頼ったのは、自治体の教育相談センター、不登校の子どもを持つ友達、私の小学校時代の恩師、息子の学校の先生、保健室の先生、スクールカウンセラー、精神科医などでした。編集者という仕事柄、精神科医もカウンセラーもつてはありましたが、児童精神科の予約がまったく取れません。新規では受け付けていない病院が多く、予約するにも半年先まで埋まっているのが普通です。結局、息子はあるＮＰＯ法人のカウンセラーに、そして私は個人のカウンセラーとつながりました。

同時に不登校の関連本も探し始め、口コミ数が多く評価が高いもの、著者の肩書に信頼のおけるものをチョイスして読みまくりました。「なぜ息子が不登校になったのか」「息子が学校に通えるようになる手立てはないか」を知りたかったのです。

ところが、驚くことに誰に聞いても、何を読んでも、同じ答えが返ってきます。

「学校は無理に行かせない」「不登校の理由は聞かない」「本人が行きたいと言い出すまで学校を休ませる」「本人の好きなことだけをさせる」「子どもの希望を存分に聞く」「自ら動き出すまで見守る」――。


そして、子どもが不登校になる理由も「親の干渉が強かった」「親が厳し過ぎた」「親の愛情不足」「親の偏愛」など、親との関係を問うものが多いうえに、そのうちの一つくらいは誰もが当てはまりそうなことばかりです。

なかでも私が震え上がったのは、紆余曲折を経て復学を果たした不登校の子どもの親の体験談を基にした、「復学を成功させるためのノウハウ本」でした。そこに出てくる不登校の子は復学までに5年……。「不登校になって5年後に復学したことが成功と言えるのか?」と私は気が遠くなりました。


何冊もの本を読みながら子育てを振り返った私は「どんなにせがまれても、中学生になるまではスマホもゲーム機も与えなかった。もしかしたら厳し過ぎたのかもしれない」と大反省。一刻も早く元の息子に戻ってもらいたい一心で、クリスマスまで待つように言っていたゲームソフトを買い与えます。「いいの⁉」と息子は大喜び。死んだ魚のようだった目がキラキラ輝き出しました。ゲームソフトを買ってからは、姉も加わり楽しそうにゲームをしています。

その日からの私は、長年、教育現場で不登校の研究を続けてきた臨床心理士で大学教授の著書に記されてあった「子どもが不登校や引きこもりになったのは、親が子どもを傷つけてきたからなので、子どもに謝って許してもらうこと。そして、子どもが満足するまで希望を叶えてあげなさい」とのお言葉を参考にして動き出します。

疲れて身体が動かない息子が「タピオカミルクティーが飲みたい」と言えば、仕事を中断してバスに乗って買いに行き、たまに息子が動けると外食に出かけ、行き先では欲しがるものを買い与えます。毎朝6時半に家を出て午後8時に帰宅する、授業も部活も忙しくて外食もできない高校生の娘のお弁当をつくりながら、「なんで学校を休んでゲーム三昧の弟が、贅沢で楽しい日常生活を送っているのだろう?」という思いに蓋をして頑張っていました。

ところが、どれだけ息子の希望を叶えても機嫌がよくなるのはその一瞬だけ。家のなかでは朝から寝るまでゲームです。一日中ゲーム音楽を聞かされながら在宅仕事をしている私のほうがノイローゼになりそうでした。ふとカレンダーを見ると11月、学校を休み始めてから3カ月です。でも、息子の様子は元気になるどころか日に日に荒れていき、ただただゲームをやり続けて一日を潰しています。食事もおざなりになり、歯磨きはもちろんお風呂にも入らなくなっていて……。

（なんかちょっとこれはおかしくない？　言われた通りに好きなだけゲームをさせていて、やさしく見守ってもいるのに、どんどん壊れていくなんて）

「このまま見守っていて、いいわけがないっ！」

気づいた瞬間、たぶん私は青ざめていたと思います。対応を間違えた！　と本気で焦りました。慌ててX（旧Twitter）で不登校情報を探してみると、そこには「ゲーム漬けの子どもをこのまま見守っていていいのか」と、私と同じ思いを抱いている不登校の子を持つ親がとても多いことを知りました。私も自分の思いを吐き出していたところ、あるお母さんが教えてくれたのが、守矢先生の講演会だったのです。

行ってみると会場には保護者が8組ほど。先生は参加されている方一人一人に、今の子どもたちの状況を聞いていきます。知らない者同士なので、ほとんどの方が包み隠さず話します。「うわー、うちよりキッイ家がいっぱいあるわ。不登校3カ月なんてまだまだだ」と思ってしまうほど、悲惨なご家庭もありました。

守矢先生は「お子さん、何のゲームやってますか？」と保護者全員に聞いていきます。私が「マインクラフトですけど……」と答えると、続けて「誰かとやってますか？　一人？　何かつくってます？　誰かと戦ってます？」と聞いてきます。

息子の様子を聞き取ると、守矢先生は言いました。

「それなら大丈夫、学校に戻れますよ。一度作戦会議をしましょう」

講演会の内容は「不登校の子どもが進学しやすい都立高校」の説明と入試情報で、とても具体的で分かりやすく、参加されている保護者の方々の表情が変わっていく様子を見ることができました。私も不登校の息子に公立の全日制の進学先があることで勇気づけられましたが、そのときの私には、「学校に戻れますよ」の言葉が気休めにしか聞こえず、半信半疑で無料相談を申し込んだのです。

私「うちの息子は、『中学校2年生からは行く。2年生のクラスガチャが外れたら転校する』と言っていて、どうしても今は学校に行かせられません」

先生「2年生から行くと言っているなら、もし2年生になって行けなかったときには、うちでもいいですし、不登校の子が通う自治体の教室とかの名前を出して、『とにかくどこかに毎日通ってもらうよ！』と息子さんに宣言してください。息子さんはプライドが高いタイプなので、うちの教室みたいなところには来たくないでしょうから、それが嫌で学校に行きますよ（笑）」

私「プライド……そういう手ですか！」

先生「あと、『中学校2年生で学校に行ったときに授業についていけるよう、中学校1年生のカリキュラムを1カ月で終わらせられる特別なテキストがあるから、やり方も教えるので取りに来て、と先生が言っていたよ』と話をして『まほろび』に連れて来てください」

そう言っていただいても、家に引きこもり外に出られなくなっている息子を、守矢先生の教室である『まほろび』まで連れ出すのには数カ月かかりました。無理矢理連れ出して電車に乗せたときには、車内で座り込んでしまい動かなくなって、途中で引き返したこともあります。

やっと先生のところに行けた日、守矢先生は息子に「よく来たね！」とにっこり。テキストの進め方を教えていただき、教室を見学して、次回の約束をして帰りました。帰り道、息子の顔にはやる気が漲っていました。

2年生になり、息子は学校に戻りました。でも、そのときにもらったテキストは守矢先生の指導通りに今でも進めていて、もうすぐ終わります。もう守矢先生のところに行く予定がなく残念ですが、先生との面談で希望が見えたのか、自信が失われていた息子に勇気が与えられました。

息子の不登校では、とてもたくさんの方々の力をお借りしました。そのどれかが欠けても、こんなに早く、元気な息子の姿は見られなかったでしょう。でも、多くの方からは、「いつか本人が動き出すときまで待ってあげて」と言われました。学校に来られない息子を慮って、「学校にこだわらなくても、いろいろ学ぶところはあるから」と学校の先生に励まされたこともあります。

でも、息子は不登校当初から、「学校に戻りたいのに戻れない」と泣いていました。塞ぎ込む息子に何もできず、私は途方に暮れていたのです。そんな私の心に響いたのが守矢先生の講演会でした。

「不登校の子を学校に戻して、
全日制の普通高校へ進学させることを目指しています」

学校に行けなくて苦しんでいる子どもたちとその親たちに向けた言葉のなかで、これだけ具体的なものを私は知りません。息子のやる気のある顔を見た無料相談の帰り道、私は守矢先生の本をつくろうと決めました。

2023年9月

フリー編集者 T・N

ゲームと不登校——学校復帰へのサインを見逃さないために●目次

第4章 ゲームを不登校解決への糸口に使ってみる

第5章 不登校は治すもの

X(旧Twitter)に上げられた親たちのつぶやきより

なんか腑に落ちない 好きなだけゲームして 好きな時間に寝て 好きな時間に起きて
好きなことして 学校行かなくて 勉強しなくて 約束破って これが充電中？
親は腫れ物に触るみたいに気を使って…… 怒らない……
見守り…… 充電完了の日は 来る？ 来ない？ 自由な生活って 永遠に続かないよ

＊

見守りって 時々 わからなくなる

＊

物凄く気を使って 腫れ物にさわるみたいに接して、何でも有りで、
態度に一喜一憂で… 何なんだろう……
学校行かないで 落ち込んで 昼夜逆転、ゲーム& You Tubeばっかに苛ついて……
でもさぁ ご飯の時、お話ししたいじゃん
スマホじゃなくて ママ見てほしいじゃん

学校行かない
@taihenchymamaさん

受験や進路どうすんのかな？
担任は、息子にやけに気を遣い、その話題はあまり詳しく触れずだった。
もうちょい発破かけて欲しかったな。受験生なんだぞ、中3だぞ、貴重な夏だぞ、と。
帰宅するなり、またオンラインゲームで絶叫してる。異次元で生きてるみたい。

＊

昼夜逆転の息子 一日中オンラインゲーム。
注意したら反抗して、すぐに自室へ行きまたゲーム。深夜も早朝も。
中学男子の声は太く低い。静かな時間帯は声も響く。
何度注意しても聞いてくれない。そんなにうるさくしてない、と否認する。
周囲のことが見えなくなり気を配れなくなる。依存症。辛い。

悩める母
@02lmlyk8MCCrRCXさん

学校は行かなくてもいーんだよ！

辞めてもいーんだよ！

気が済むまで休んでいーんだよ！

ずっとゲームしてていーんだよ！　昼夜逆転してもいーんだよ！

毎日、自分に呪文をかけて自分を制御する不登校の子の母です。

修行なみにツライ。

kotoka
@kotoka_nakokaさん

デジタルデトックスがこれほどきついとは！　あんなに穏やかだった子が泣きながら、
発狂して、訴えてくる。
苦しいからゲームをやらせてくれ！
学校のことばかりうかんでくるから助けて！　と。
もともと制限かけていたのに、なぜか不登校開始時に制限なくし、
厳しすぎたねとゲームやり放題にした結果

うちのヤングケアラーは不登校
@my_youngcarerさん

心が晴れる日は来るのだろうか？

いつか笑える、大丈夫と言われるけど、部屋に引きこもり好き勝手にゲームしかしない状態。

進路も将来も希望が見えないとそんな気持ちにとてもなれない。
＊
今日も塾ドタキャン。
本人が行きたいというので、塾に話し合いして、
不登校でも行かせてもらうことにしたのに…。
相当心労、時間を返せ。
すべてゲーム。ゲーム再開しだして全てぐちゃぐちゃ。
塾やめるならやめていいのに。
親無視、ゲームしながら笑ってるーー。もう各所に配慮するの疲れた。

のー@不登校中1息子の親
@nodnreversalさん

取材にご協力いただいた皆様に心より感謝申し上げます。

企画・構成
長澤智子

制作協力
浅井加枝子

編集
小宮亜里
黒澤麻子

営業
石川達也

装幀
日下充典

本文デザイン
KUSAKAHOUSE

はじめに

私が不登校の子どもたちと関わりを持ったのは、大学生だった昭和63年頃、家庭教師のアルバイトをしたのがきっかけです。当時はバブル全盛期で、都会の大学生は家庭教師の口には事欠かず、私も大学の掲示板にずらっと貼られた家庭教師のアルバイト募集情報のなかから、時間と場所など条件がよかった二つのご家庭に応募の電話をしました。

そのときに出会った子が、たまたま二人とも学校に通えていない状況だったのです。一人は不登校となっていた中学生の女子。もう一人は、中学時代にまったく学校に行くことができず、過年度卒業生（通称中学浪人）となっていた男子で、「息子が高校に入りたいと言っているから勉強を教えてやってほしい」という親御さんからの依頼でした。

当時は、高額の時給のほか高級なおやつや食事を出してくれるご家庭がとても多く（韓国映画『パラサイト 半地下の家族』のような世界でした）、家庭教師は今よりも、親御さんの悩みを自ずと聞く機会が多かったように思います。

そして、この二人の子との出会いが、不登校児への支援のきっかけとなりました。

しかし当時の私は、その後の運命を変える出会いだとは気づくはずもなく、不登校であろうがなかろうが、単純に高校入試合格に向けた、通り一遍の受験勉強を指導すればよいと思っていたのです。

ところが、いざ指導を始めると想像とはまったく違いました。

受験や合格の条件となる出席日数が足りない、定期テストを受けていないから内申点も取れていない、過年度卒業生の子に至っては学校とのつながりも皆無――。一方で親御さんは、現役大学生の家庭教師を依頼したのだから、なんとかなると思っている……これはマズイ。

家庭教師の範疇を超えていると気づいたときには、もう後には引けませんでした。一度引き受けたら手放せなくなるこの性格は、大学生の頃から今も変わっていないようです。

引き受けたなら約束を果たそう。
この子たちを絶対に高校へ行かせよう。

そう決意した私が最初にしたことは、中学校に通えていないこの子たちが受験できる高校があるのかどうかを、都立から私立まで片っぱしから直接当たって調べることでした。今とは違ってインターネットはありませんから、自分の足でいろいろ出向いては話を聞いて回る日々。しかし、保護者でもない私にまともに答えてくれる担当者は少なく、たらい回しに遭いました。それでも辛抱強く続けていると、しばらくして「中学浪人の子どもたちの予備校をつくりたい」という、同じ思いを抱えて活動しているAさんと出会いました。

Aさんは中学生を対象とした学習塾を経営されていたのですが、その塾の生徒の数名が中学浪人をしていたのです。当時、東京では中学浪人は一般的ではありませんでしたが、地方ではまだそれが当たり前の地域もあったため、その方は仙台にある中学浪人生を対象とした塾を見学に行くなどしていたのです。

Aさんもスタートは単純に「昼間の塾」をやればよいと考えていたのですが、東京で中学浪人生を受け入れる「私立高校」「都立高校」がどの学校なのかも分からず、さらに受け入れの条件も分からなかったため、都内のすべての高校にアンケート調査を行い、どの学校がどのような条件で浪人生を受け入れているのかが分かる資料をつくり、それを基に進路指導を行っていたのです。

私はAさんとお互いに情報交換しながら二人の子どもたちの家庭教師を続け、なんとか高校に入学させることができました。それは僕にとっても大きな喜びでした。そして、「学校に行けなくなっている子どもたちに勉強を教える場所が必要じゃないか」という思いが芽生えて、Aさんと一緒に予備校をつくったのが、まだ大学在学中の二十歳のときです。

世間知らずの私がAさんと共に試行錯誤でこの予備校を運営していくなかで、時代は「高校全入時代」に突入します。中学で不登校をしていた子どもたちも全日制の普通高校に入れるようになったのです。ようやく道が拓けた！　そう安堵するや否や、そこで増えたのが高校中退者です。

受験生と募集人数がほぼ同じ数となった高校全入時代は、希望すればどのような状況の生徒でも高校に進学できるようになりました。その反面、全日制の普通高校に進学したのはよいものの、通えなくなったり学習についていけなくなったりなどの理由から、単位が取れず「留年」が決まり、その結果として高校を中退してしまう生徒が増えたのです。

ここで問題になったのは、留年が決まったり、高校を中退してしまったりした生徒たちの受け皿がなかったことです。私は落ち着く暇もなく、今度は高校を中退した子たちをなんとかしなければ！　と方向転換することにしました。

試行錯誤の末、ある私立高校にお願いして都内で4番目の私立の通信制高校を設置してもらい、私自身はその通信制高校と提携する形で、昼間に生徒の勉強を見る学校を設立することにしました。今でいうところの「サポート校」ですが、それを我が国で最初につくったのは、私です。

当時の通信制高校は、「学校に通いたいのに、学校のシステムに合わなくて通えなくなってしまったかわいそうな境遇の子どもたちに、教育の機会を与えましょう」という理念でつくられたものでした。私はそんな子どもたちのため、勉強もできて、友達もできる「学校の代わりになる場所」としてのサポート校を設立したのです。高校中退者を受け入れる学校が他になかったこともあり、すぐにたくさんの生徒が集まりました。

ところが、時が経つにつれ「学校に通いたいのに通えなくなってしまった子どもが勉強するための学校」だった通信制高校が「簡単に卒業できる学校」へと変化していったのです。そして、その頃から、爆発的に通信制高校が増えていきました。その理由は2003年の小泉内閣の構造改革特区によって、株式会社が学校を設立することが認められたことにあります。

それまでは、全日制高校が通信制過程を新設するということはできても、塾であるサポート校が通信制高校をつくることはできませんでした。そのため、単位認定はA高校だが、そこを卒業する手助けをするのがサポート校という明確なすみ分けがありました。また、学校法人同士が結べる技能連携という制度も、塾と学校との関係では結べなかったのです。そのため、どんなにサポート校に通っても、所属する通信制高校のスクーリングにきちっと出席し、レポートも期日までに80点以上の内容で提出（もちろんレポートの課題の内容は通信制高校が作成）、さらに単位認定試験も決められた点数を取らなければ単位は取れないというハードルがありました。たとえサポート校に通っていたとしても、通信制高校を卒業するのは大変な努力が必要でした。

しかし、構造改革特区によって株式会社「立」の学校が認められ、塾であるサポート校が自前の通信制高校をつくることができるようになってからは、塾の基準さえ満たせば単位が取れるという状況を生み出しました。そして、非常に簡単に単位習得ができるようになったことで通信制高校の存在意義が一人歩きを始めたのです。「卒業証書を出すための通信制高校」は、不登校の生徒の受け皿ということだけでなく、高校中退者の受け皿として多くの生徒を集め、現在では、「中学生で不登校なら、通信制高校やサポート校に進学するのが正しい」とする考え方が一般的になってしまいました。

加えてここ数年は、不登校児童生徒の増加を見込んで通信制高校やサポート校の業界に教育業界以外の企業の参入が増え、通信制高校の学生の数は驚異的に膨らんでいます。特にその筆頭である株式会社角川ドワンゴがつくったN高校(2016年開校)は「学校の認知度」を上げるために、教育業界では考えられないほどの「広告宣伝費」を投入し、SNSなどの最新のツールを使っての広報活動も同時に進めたのです。

教育を中心とする業界は、狭いと言ってしまえばそれまでですが、業界独自の経営戦略で運営されていました。たとえば、それまでの通信制高校・サポート校は、生徒や親からの「口コミ」や「学校の先生の紹介」などで生徒を集めるのが普通だったため、宣伝や広告よりも「教育の質」に力を入れている学校が多かったのです。

ところがそこに、日本のトップ企業の常識が入り、「宣伝広告」と「教育の質」の両方に従来の10倍の費用を投じるN高校が生まれたことは、今までの教育業界の常識をひっくり返す出来事だと言っていいと思っています。自ずと他の通信制高校も「広告宣伝」に力を入れざるを得なくなりました。そのために通信制高校へのハードルが下がり、通信制高校の学生が急増しているのです。

話を元に戻しますと、通信制高校の学生に、学校生活を体験させながら支えるためのサポート校を運営していた私は、「卒業証書を出すための通信制高校」では子どものためにならないと考え、自分のコンセプトに合った通信制高校をつくりました。それは、社会に適応させるために、「通信制高校でありながら、毎日通えるようになるための努力をさせる学校」です。

ところが、通信制高校の業界では「通わなくても卒業できる学校」が主流となっていきます。そんな現場を見ていくなかで、「(スクーリングにすら通っていないのに)こんなに楽に卒業できるような今の通信制高校のやり方では、社会に通用する子どもなどとても育てられない!」という、とても強い危機感を抱くようになっていったのです。

なぜなら、不登校の生徒や発達に課題がある生徒たちが入学をして卒業していくその一連の流れを見ていくなかで、「家からほとんど出ることなく高校が卒業できる」という「異常」な状況が「普通」になっていく、その恐ろしい感覚の変化の過程を現場で感じ取ったからです。

家で勉強することは悪いことではありませんが、家の外に出て「他人」と関わることもせず、家族以外の人間との交流をほとんどしないで、自分が心地よいと感じる環境のなかだけで生活して「卒業」を迎える、そんな成長過程をたどることが子どもの将来によいはずがありません。

私の肌感覚にはなりますが、2005年頃までの通信制高校の役割は、家の外に出て学校に通い、学生生活を続けていくうちに「へとへと」になってしまった子どもたちが、一時期、羽を休めて体力を回復させるために家にこもっている間に家での勉強を進めておくことで、**「次のステップに進むときにタイムラグなく、次の世界に羽ばたけるための学校」**というものでした。

ところが2005年以降、通信制高校が爆発的に増えてきてからは、徐々にではありますが、「外で戦うことをせずに、家にいたまま卒業してしまう」ケースが増えてきたのです。これは、不登校が世間に認められ、「学校には無理に行かなくてもいいのではないか？」という考えがだんだん浸透してきた時期と重なります。

学校、つまり集団での活動は当然、人間同士の摩擦を生みますが、これも人が社会性を育むために必要なことでもあると私は考えています。それを、人の成長のかなり早い段階から取り除いてしまうことは非常に危険です。

こうした状況を防ぐためには、不登校＝通信制高校という図式にしてしまうのではなく、不登校→毎日通う学校に戻ってみる→やっぱり「へとへと」になった→だったら通信制高校もいいかも、という一連の流れのなかで、「へとへと」を経験させることの大切さを感じたのです。「かわいい子には旅をさせろ」、まさにその言葉の通り「苦労」は人を育てるということが分かったとも言えます。

そこで私は、さらなる方向転換をしました。「不登校＝通信制高校」という社会の流れに抗うために、まずは『不登校や、学校生活が苦手な児童生徒のための高校進学を考える』というテーマでの講演会と個別相談会を始めたのです。そして、「不登校＝通信制高校」ではなく、**「不登校でも普通高校に通う」ことをコンセプトにした適応指導・学習支援教室『まほろび』を都内に開室しました。**

そこは、**「中学校に通えなくなってしまった子どもたちにやる気を出させて、全日制高**

校や定時制単位制高校に進学をさせるための勉強のサポートをする」教室です。現在その教室は、週5日、午前11時から午後7時まで、常時120人ほどの生徒たちが普通高校への合格を目指して通ってきてくれています。

こうしてひょんなことから携わるようになった不登校児童生徒への支援ですが、30年以上続けてきて言えるのは、不登校の背景も支援の形も、時代と共に変わるということです。この10年間の不登校児の激増も、急速な時代の変化と無関係ではありません。

特に変わったのは、デジタル機器の普及とそれに伴うSNSによる交流関係です。そして私が、「ゲームと不登校」の関係の深刻さに気がつき始めたのは今から約10年前。不登校の子どもに家での生活の様子を聞くと、異口同音に、「ずっとゲームをしています」と答えるようになったことからです。同時に、学校に行かずに昼夜問わずゲームで一日を潰してしまう我が子の姿に絶望している親御さんも激増しています。

不登校の支援現場ではゲームを無視することができなくなっています。

本書が、我が子のゲームと不登校への対応の仕方に困惑し、苦しんでいる親御さんを救う最初の一手になってくれたら、と願うばかりです。

2023年9月

守矢俊一

図1●小中学生の不登校

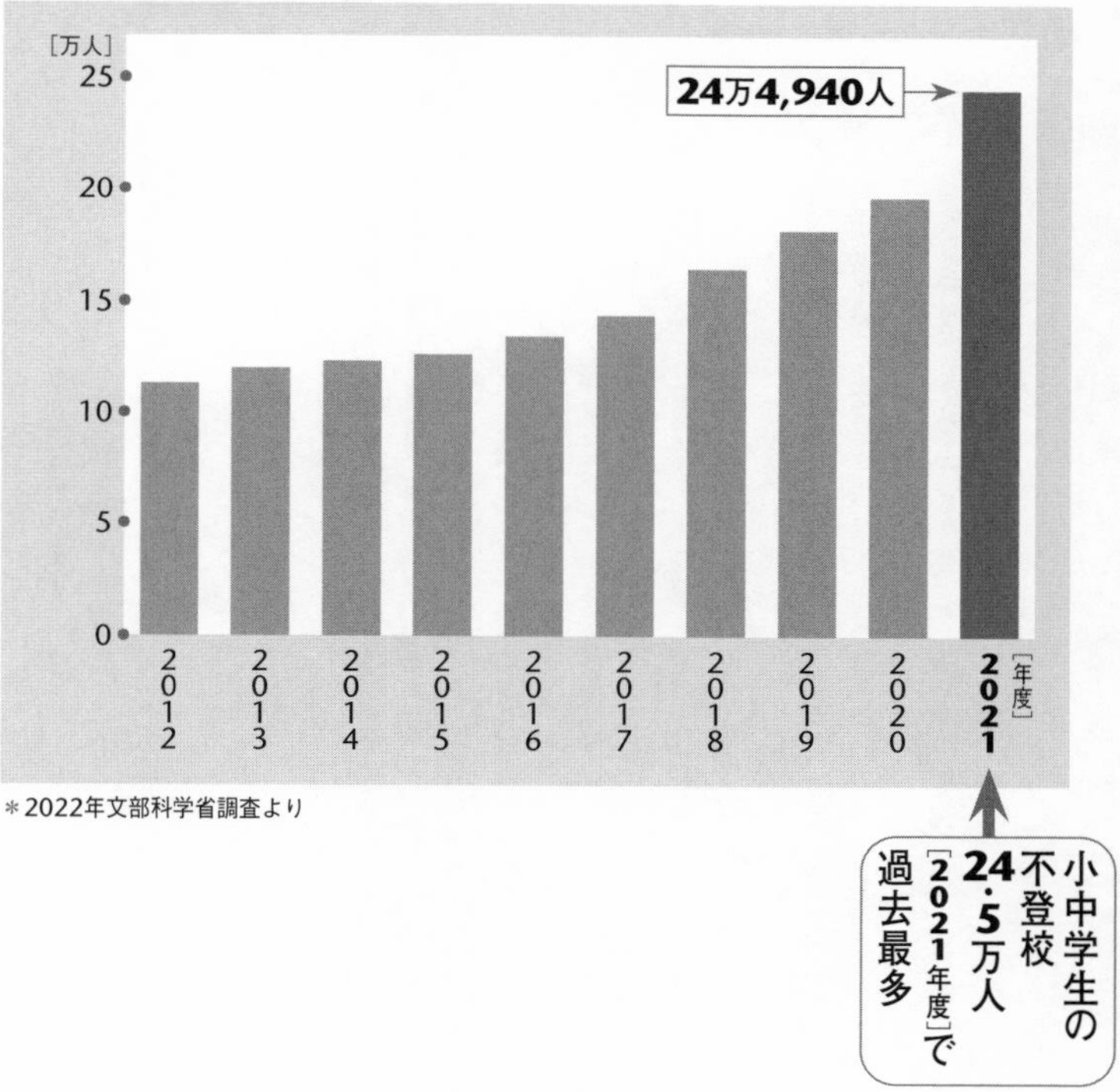
[万人]
25
20
15
10
5
0
24万4,940人
2012
2013
2014
2015
2016
2017
2018
2019
2020
2021
[年度]
小中学生の不登校
24.5万人
[2021年度]で
過去最多

＊2022年文部科学省調査より

図2●最初に行きづらいと感じ始めたきっかけ［小学校］

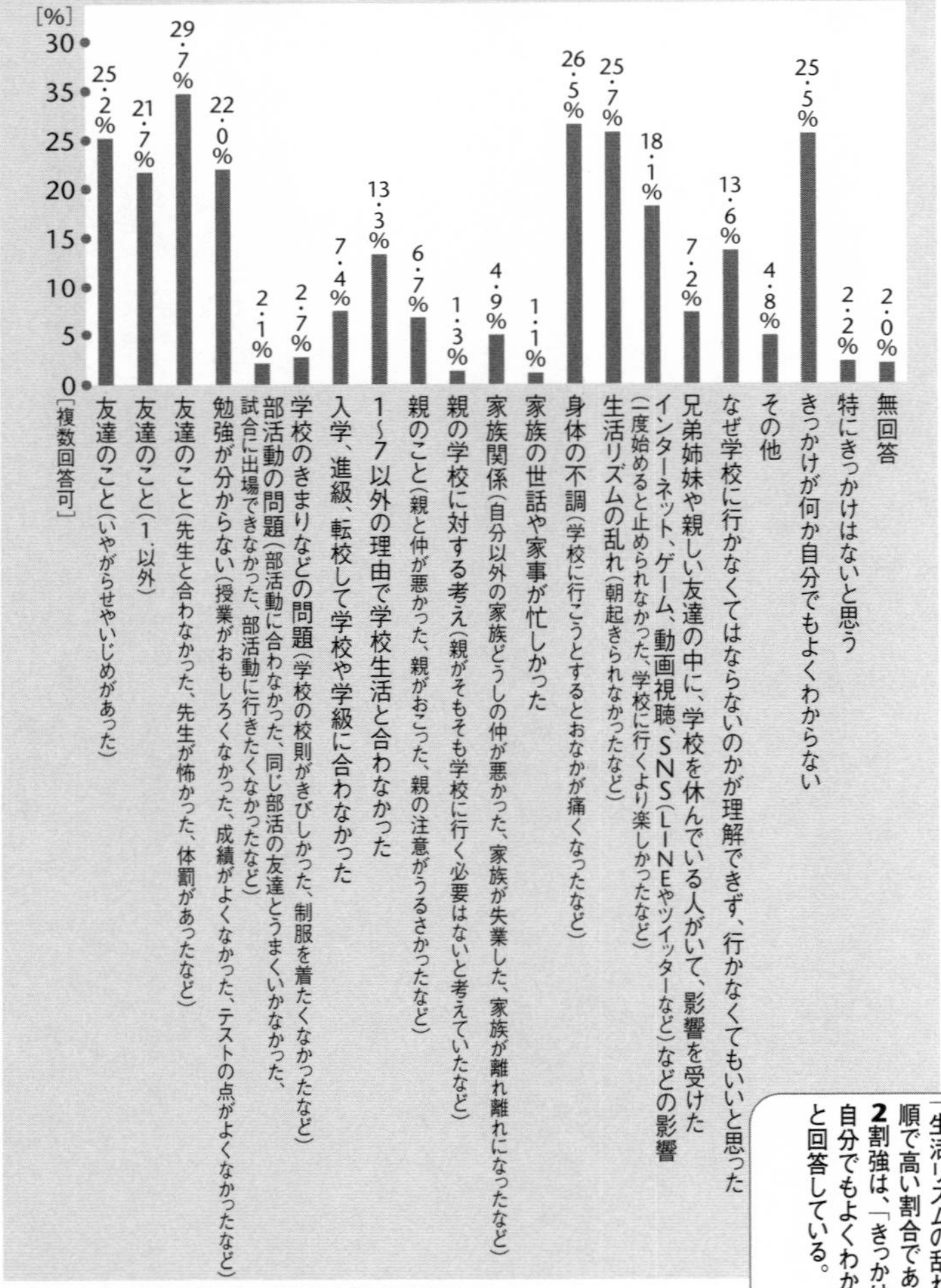
[%]
30
35
25
20
15
10
5
0
[複数回答可]
25.2%
21.7%
29.7%
22.0%
2.1%
2.7%
7.4%
13.3%
6.7%
1.3%
4.9%
1.1%
26.5%
25.7%
18.1%
7.2%
13.6%
4.8%
25.5%
2.2%
2.0%
友達のこと（いやがらせやいじめがあった）
友達のこと（1.以外）
友達のこと（先生と合わなかった、先生が怖かった、体罰があったなど）
勉強が分からない（授業がおもしろくなかった、成績がよくなかった、テストの点がよくなかったなど）
部活動の問題（部活動に合わなかった、同じ部活の友達とうまくいかなかった、試合に出場できなかった、部活動に行きたくなかったなど）
学校のきまりなどの問題（学校の校則がきびしかった、制服を着たくなかったなど）
入学、進級、転校して学校や学級に合わなかった
1〜7以外の理由で学校生活と合わなかった
親のこと（親と仲が悪かった、親がおこった、親の注意がうるさかったなど）
親の学校に対する考え（親がそもそも学校に行く必要はないと考えていたなど）
家族関係（自分以外の家族どうしの仲が悪かった、家族が失業した、家族が離れ離れになったなど）
家族の世話や家事が忙しかった
身体の不調（学校に行こうとするとおなかが痛くなったなど）
生活リズムの乱れ（朝起きられなかったなど）
インターネット、ゲーム、動画視聴、SNS（LINEやツイッターなど）などの影響（一度始めると止められなかった、学校に行くより楽しかったなど）
兄弟姉妹や親しい友達の中に、学校を休んでいる人がいて、影響を受けた
なぜ学校に行かなくてはならないのかが理解できず、行かなくてもいいと思った
その他
きっかけが何か自分でもよくわからない
特にきっかけはないと思う
無回答

＊令和2年度不登校児童生徒の実態調査（文部科学省）より

「先生のこと（**30%**）」、「身体の不調（**27%**）」、「生活リズムの乱れ（**26%**）」の順で高い割合である。**2**割強は、「きっかけが何か自分でもよくわからない」と回答している。

図3●最初に行きづらいと感じ始めたきっかけ［中学校］

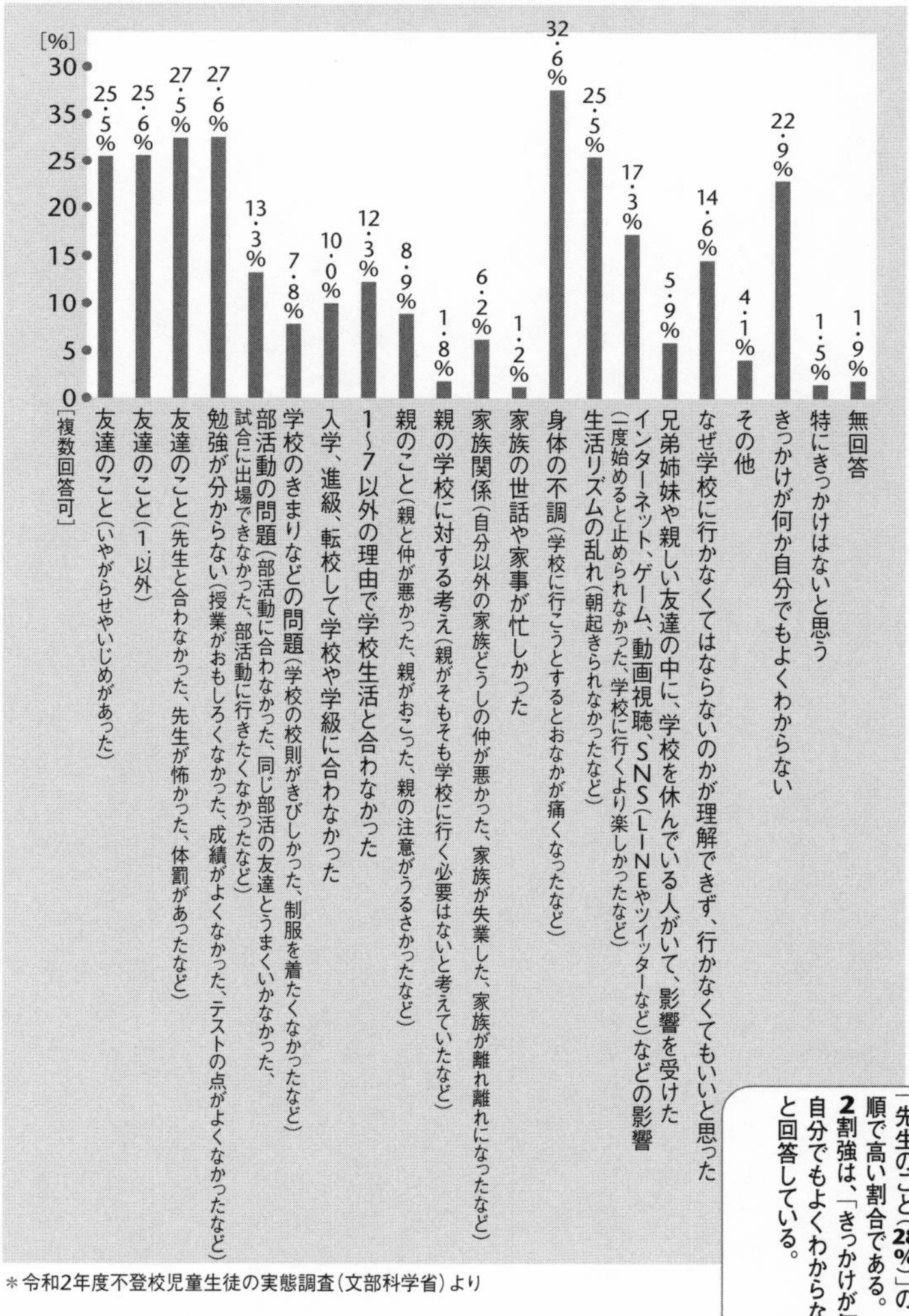

＊令和2年度不登校児童生徒の実態調査（文部科学省）より

「身体の不調（**33％**）」、「勉強が分からない（**28％**）」、「先生のこと（**28％**）」の順で高い割合である。**2**割強は、「きっかけが何か自分でもよくわからない」と回答している。

第1章

登校拒否から不登校へ

子どもの心の変化

変わりゆく学校現場

学校に行けない、行かない生徒が我が国で問題視され始めたのは1960年代半ばからですが、その数が大幅に増えたのは1980年代中頃。当時は長期に学校を休むことを「登校拒否」と呼んでいました。その呼び名は時代と共に変わり、1998年には正式に文部科学省が「不登校」と表現するようになります。

登校拒否が増えた1980年代中頃は、まだ学校の対応が毅然としていた時代です。生徒の誰もが恐れるような厳格な先生がたくさんいて、勉強も宿題も嫌というほどやらされて、体育の授業もきついし、礼儀礼節にも厳しい。時には体罰さえあった。学校とはそういうところ——国民全体にそんな概念がありました。

たとえばテレビドラマ『3年B組金八先生』の世界でいえば、いわゆる不良呼ばわりされていた子たちは「こんなに管理されるところは嫌だ」という不満から暴れていたわけです。要するに、当時は、子どもが学校に行かない理由の多くが、学校への恐怖感、つまり学校の体制の問題が原因だったのです。

ところが時代が進むにつれて登校拒否の質が変わっていきます。

「学校を理由とする登校拒否」から、「はっきりとした理由のない不登校」へと変化していくのです。それは文部省・文部科学省が毎年行っている「学校基本調査」のなかで、長期に学校に行っていない状態の子どもに対し、「学校嫌い」を理由とした「登校拒否」とする捉え方（1966〜1997年）から、1998年以降は、「学校に行っていない状態」を示す「不登校」という言葉で表現されていることからも分かります。そして、10年ほど経った2010年頃から、不登校に関連する問題が顕著になったと感じています。

文部科学省発表の「児童生徒の問題行動・不登校等生活指導上の諸問題に関する調査結果について」での「不登校の要因」も、「いじめや友人関係をめぐる問題」や「生活リズムの乱れ、あそび、非行」を抑えて、「無気力」「不安」の二つの増加が目立つようになったのです。

その大きな原因として、私は次の四つのことが影響していると考えています。

1●学校現場が変化した
2●文部科学省が不登校を容認し社会が受け入れた
3●発達障害の検査を受けさせられる子が増えた
4●スマホの登場、ゲーム機の普及

学校現場が変化したきっかけは、記憶に残っている親御さんも多いと思いますが、1986年の「中野富士見中学いじめ自殺事件」でしょう。日本で初めて起こった、学校でのいじめを苦にした自殺事件です。自殺の主な原因は教室内で行われたクラスメートによる「葬式ごっこ」という陰湿ないじめですが、この事件が衝撃だったのは、そこに学級担任を含め数人の教師が加わっていたことです。マスコミはこの事件を大々的に取り上げ、自殺した少年の遺書に記した「このままじゃ、『生きジゴク』になっちゃうよ」という言葉は、日本社会全体に大きな衝撃を与えたはずです。学校や教師への信頼が一気に失われたのはこのときからだと考えます。

もちろん、それまでにも先生が学校内で生徒を傷つけることは数えきれないほどあったことでしょう。今とは違い、生徒が悪さをすれば教師は厳しく指導しました。生徒の心が教師の指導によって傷ついてしまうことも多く、当時の不登校の原因のほとんどは、そうした学校内でのトラブルでした。たとえば、クラスメートの目の前で先生からとんでもない叱責を受けたとか、友達から陰湿ないじめを受けたとか、いじめが発覚したときに先生が誤って加害者をかばってしまったとか……。学校内でひどく傷つくことをされた結果、校門の前に来ると体が震える、教室に入ろうとすると足がすくむなど心身に不調を感じ、辛くなった生徒が学校に行けなくなるというケースが大半でした。

学校には気安く話しかけられないような厳しい教師がいて、いじめもある。時には体罰もある。現に不登校も増えてきた。そういったことが報道されるようになって、親たちだけでなく社会にも「学校は信頼できない」という空気が醸成されていきます。それまでは学校は「聖域」であり、ある意味、親も口出しができない治外法権を得たような場所で、先生は無条件に「偉い人、反論してはいけない人」という前提がありました。

ところが、学校現場でのひどい事件が明るみに出たことで、「地域の目を学校に入れる」「開かれた学校づくり」などが叫ばれ始め、「学校も周りの人の意見を聞いて運営をしましょう」という、要するに地域と学校との関係を再構築していこうという時代になったのです。と同時に、学校の先生が以前ほど生徒に対して強くものを言えなくなっていきました。

誰のための学校教育か

学校や先生の立場が弱くなり、学校教育に対してさまざまな立場からの意見が噴出するようになると、現場はまず一番に「**誰のオーダーに応えるのがよいのか?**」を考え始めます。しかし、それは本来の目的である、「**子どもをどう教育するか**」という問いからはかけ離れていき、結局、「**保護者のオーダーに応える**」ようになります。

しかし、保護者たちからのオーダーは十人十色、それらに応えていけば学校やクラスのなかで生徒一人一人の取り扱い方が違っていきますから、運営に一貫性がなくなってしまう。

つまり、「誰のための、何のための学校教育なのか」の「誰」と「何」の二つが崩れてしまったために、学校という場所が何をするところなのかが分かりにくくなっているのです。

「**学校なんか行かなくても生きていける**」と言ってしまう教育者もいるほど、今の学校のシステムは、子どもたちに与えるものが何なのかがぼんやりとしてしまっています。

それが不登校増加の原因です、とまでは言いませんが、人は目的がないと動きませんから、「何をしに行くところなのか分からない学校には行かない」と言い出す子どもが出てきても不思議はありません。

つまり、**学校に行く目的が喪失されたことこそが、不登校の大きな原因の一つ**なのです。

文部科学省が不登校を容認した弊害

学校現場が変化していった1980年代~2000年の間は、年を追うごとに不登校児が増えていきました。文部科学省はそれを止める有効な手立てが見つけられないまま2003年に、「不登校への対応の在り方について〔平成15年5月16日 15文科初255〕」で、「不登校はどの子どもにも起こりうるので、不登校の子どもの状態と必要な支援をアセスメントして、適切な機関による支援と多様な学習の機会を提供することが重要だ」としました。

それでもなかなか増加を抑えられない文部科学省は、再度2016年に「**不登校は誰にでも起こる。特別なことではない**」という通知を出します。さらに、「『学校に登校する』という結果のみを目標にするのではなく、児童生徒が自らの進路を主体的に捉えて社会的に自立することを目指す必要がある」と、児童の自主性にも言及します。

2019年になると文部科学省は、「**無理して学校に来ないでいい**」とも捉えられる通知を出して、「不登校児童生徒が主体的に社会的自立や学校復帰に向かうよう、児童生徒自身を見守りつつ、不登校のきっかけや継続理由に応じて、その環境づくりのために適切な支援や働き掛けを行う必要があること」として、「**不登校の子を見守りながら自主的に動き出すための支援を行っていこう**」と言い出します。

結局、これは文部科学省が不登校を容認したということと同じです。

しかし、**文部科学省が「学校に来なくていい」とまで言ってしまったら、義務教育はどうなるのでしょうか**。不登校児支援の現場では、この文部科学省の通知を受けて、「義務教育が瓦解した」という人も多いのです。

1980年代から増え始めた不登校（登校拒否）が特に問題視されるようになった2000年代は、その原因の多くは学校内でのトラブルでした。「先生や同級生にひどく傷つけられたことがトラウマになって学校に行けなくなった」という子どもがほとんどだったのです。

不登校のサインとして体調不良……最初は腹痛、頭痛、嘔吐、下痢、便秘、朝起きられない、眠り続ける、無気力、ふらつきなどの症状が出てきます。しかし、小児科や内科を受診しても異常なしと言われることがほとんどで、そして精神科に行けば、「鬱」と診断されることも多いでしょう。

体調が悪いときは、文部科学省のメッセージ通り、無理して学校に行く必要はありません。少しの間休んでいればまた動き出せるようになる子が大半なので、まずは元気になるまで待ちます。動けるようになったところでカウンセラーと会わせて本人から原因を聞き出し、学校側と連携をとって原因を取り除くことで安心して通える環境を整えていけば、当時ならばたいていの場合、復学ができていたのです。一時はこの方法で不登校が減りましたし、現在でも理由が明確な不登校ならば生かせます。

ところが今は、不登校の原因が複雑化してしまい、本人に訊ねても理由がはっきりせず、誤解を恐れずに言えば、「たいした理由もないのに学校に行かなくなっている」としか言いようのないケースも多くあります。

クラスのみんなに笑われた、宿題をやっていなかった、苦手な先生がいた、大好きな友達と離れ離れになったなど、「学校に行きたくない」と思うきっかけはあったかもしれませんが、それをすべて親が除去しようとすることは、社会生活が営めない大人を育ててしまうことと直結します（もちろん、明確ないじめがあったのであればそれは徹底的に解決するべきです）。

ただ結局のところ、「**長い期間休んでしまったことで、学校に行きにくくなっている**」という子どもが実はとても多いのです。

「嫌なことがあったら無理しないで休んでよい」という文部科学省のメッセージは、深刻な理由で学校に行けなくなった子どもには大きな救いになる一方、そうではない子ども、なんとなく行きたくなくなった子どもに対しては不登校へのハードルを一気に下げてしまう免罪符となりました。

ゲームを好きなだけやらせることが、「自主性」の容認なのか？

では、先生や親から、「学校を休んでいいよ」と言われた子どもたちは家で何をして過ごしているのでしょうか。

テレビゲームがなかった時代、元気な子どもが一人で平日に家にいて楽しめるようなものは読書とテレビくらいで、すぐに退屈していたはずです。

ところが今は、スマホは一人に1台、ゲーム機も家庭によっては個人用があり、親のパソコンが自由に使えて、タブレットは学校から支給されている(!)。そんな環境のなかで「家でゆっくり休みなさい」と言われたら、子どもたちは時間を潰すためにゲームに手を伸ばします。

昨日までは毎朝、頭痛や腹痛で苦しんでいたり、ベッドで死んだように眠り続けていたりした我が子が、やっと動けるようになったのですから、好きなことをさせてやりたいし、笑顔を見たいと思うのは、親としては当然の感情でしょう。子どもに気力が戻ってきただけで嬉しいものです。

「元気でいてくれれば学校なんて行かなくたっていいよ。少しくらい休んだところで長い人生に、なんら影響することはない。今は多様性の時代だし！」

そう考えるのは普通のことです。

しかし、ここで見落としてしまってはいけないのが、子どもたちの心の声です。元気になった自分を自覚しつつ、「学校にどうやって戻ればよいのか」が分からなくなってしまっている子どもたちの気持ちです。

その気持ちを大人が想像するならば、「自分が1週間、職場を無断欠勤したと仮定してください。その後、あなたはその職場にどうやって戻りますか？」と質問されたときに、どう答えられるかを考えてみることです。どうでしょうか。答えがない世界なのが分かりますか。でも、まさにその問いが、学校を休んでしまっていた子どもたちに襲い掛かってくるのです。だから不登校の子どもたちは、元気になったとしても「元気になった＝学校に通えるようになる」と単純にはいかないのです。

不登校の子どもたちが次の悩みに直面するのはこの後です。「学校に戻りたいけれど戻る方法が分からない」という悩みを抱えながら長い時間を過ごすのは辛いものですが、でもやることがない。その辛さをごまかすことができるのがゲームです。この膨大な時間を楽しく過ごしたい＝不安を解消したい、こんな気持ちからゲームを始めるお子さんはとてもとても多いです。

これは、常に金儲けを考えている、大人のずるさなのかもしれません。**人気のゲームほど、ハマりゲームというのは、そもそも「ハマる」ようにできています。**２０２２年に出版された『ファミ通 ゲーム白書』［角川アスキー総合研究所］によれば、世界のゲーム市場は現在、22兆円。２０２１年の日本国内ゲーム人口は５５３５万人で、初の５０００万人超えとなった前年の５２７３万人からさらに増加したそうです。

天才プログラマーたちが一攫千金を狙って、消費者がハマるように創意工夫を凝らしているわけですから、大人でも子どもでも手を出せば必ず夢中になります。面白いゲームというのはつまり、中毒性、依存性の高い内容のゲームであるということ。

「依存症」という言葉からは、パチンコやアルコールが思い浮かびますが、**ゲームは「依存症になる」のではなく、「そもそも依存するようにつくられている」ものなのです。**経験値が低い子どもですから、そんな刺激の強いゲームに触れれば簡単にハマります。さまざまな失敗経験のある大人なら、「マズイ。このままやり続けると大変なことになりそうだ」と察し、途中でやめることができます。しかし、たまたま不登校になって得た膨大かつ暇な時間が学校に対する不安を増大させ、それを解消するためにゲームに手を出してしまった子どもに、スマホやゲーム機を無制限で渡したら、依存状態になるリスクが大人よりも高いのは当然です。

もちろん、今の小学生の親世代が子どもだった20～25年くらい前にもテレビゲームはありました。しかしその頃と今とでは、ゲームの仕組みがまったく異なるのです。

ゲームと一口に言っても遊ぶためのツールは、スマホ、ゲーム機、タブレット、パソコンなどさまざまあり、今は手軽にできるスマホゲームに多くの子どもたちがハマっています。ゲーム以外の時間にはYouTubeでの動画視聴や、X（旧Twitter）・インスタグラム・TikTokなどのSNSの視聴や発信をしていますが、それもゲーム関連の情報収集が主ですから不登校の子どもたちの時間はほとんどがゲームで消費されています。

さらに今のゲームは数日で簡単に完結することはなく、次から次へと目新しいステージが現れたり、インターネットで見知らぬ人と簡単に知り合って対戦ができたり、ユーザーが一同に会して対戦できる、ゲーム会社が主催するフェスティバル（イベント）が定期的に開催されています。課金さえすればゲームの世界で活躍し続けられ、承認欲求を得られる仕組みをゲーム会社が幾重にも仕掛けてきています。さらに恋愛シミュレーションゲームも数々登場し、承認欲求はもちろんのこと、思春期の子たちの恋愛への欲求も満たしてくれるのです。

今風の言葉でいえば「沼《ぬま》る」と言いますが、ゲームをしている間は子どもたちの時間は止まります。その結果、永遠にこのゲームの世界に居続けられると子どもたちは錯覚してしまうのです。

「このゲームが終わったら、次こそ学校に行こう」。心の中でそんなふうに考えている子どももいます。しかし極論を言えば、ゲームの世界にハマったら、永遠に時間が止まってしまった感覚になります。そして徐々に、それに幸せを感じるようになっていきます。その段階を超えて、「現実の世界から離れた感覚」を持つようになった時点で、子どもは、「こんな幸せな世界があるのか！」と感じています。

膨大な時間を楽しく過ごせるゲームは、次々にアップデートされていきます。子どもが家のなかで、インターネットやゲームで遊ぶことで心地よく過ごせる環境が一気に整ってきてしまった今、学校現場や不登校支援の専門家たちが行う支援方法や助言が、残念ですがアップデートできていません。

体調が悪くなさそうなのに我が子が学校に行くのを渋ったときに、

「無理に来させないでいいですよ」

「本人が行きたいと言い出すまで、家でゆっくり休ませてあげてください」

「無理に勉強をさせずに、好きなことをさせたほうがいいです」

「子どもの自主性を信じましょう。子どもから動き出すまで待ちませんか」


このような不登校支援をしている現場は多くあります。でも、それは不登校になった初期の段階でしか有効ではありません。子どもが家で楽しくゲームで遊び始めたら、それはすでに元気になっている証拠です。そのときに、本人の自主性を尊重していたらどうなるでしょうか。

子どもの状態がこの段階に来たら、大人たちは不登校の子どもに対して「無断欠席していた子どもが学校に行ける方法」を具体的に教えていく支援をしなければ、子どもはゲームの沼から抜け出せません。

ゲームにハマるのが、「我が子の自主性」だと思いますか？ 私の答えは、否です。

「自主性を重んじる」という言葉は、自主性を身につけさせたい子どもたちに対して、その環境を整えたうえで、自主性を身につける方法をきちっと教えることによって確立できるものだと私は考えます。

第2章

不登校児とゲーム依存のスパイラル

あなたのお子さんは、家で何をして過ごしていますか？

母親「子どもが学校に行かなくなって3年半になります。今、小学校6年生になりました。最初の頃はリビングにも出てきていましたが、ここ数年はずっと部屋に引きこもってゲームばかりしています。オンラインで誰かとやっているみたいで、死ね、とか、殺すぞ、みたいな言葉もいつも聞こえてきているので、こちらがノイローゼになりそうで。負けると癇癪を起こして壁を叩いていますし、もう限界です」

私「ゲームは何時から何時までやっていますか？　昼夜逆転とかは？」

母親「時間は夕方から次の日の朝まで、もうずっとやっています。昼夜逆転していて、深夜0時頃、私が寝ようとする時間にも話し声が聞こえてきます」

私「食事はどうしていますか？　お風呂は毎日入っていますか？」

母親「夜中に冷蔵庫を漁っています。身体が心配なので一応食事は三食つくって食卓に置いておくのですが、それにはほとんど手をつけていません。ポテトチップスとかコーラとかが主食になっているような感じで。お風呂はもう1カ月近く入っていません。どうしたらいいのか……」

これは私が行っている不登校のお子さんを持つ方を対象とした無料相談会での、よくあるやりとりです。年間で300件ほどの相談を受けています。ただ、多くのお母さんがこの方のようにすぐに事情を説明してはくれません。無料相談会というので来てはみたものの、何から話してよいのか分からないようで口ごもります。そこで、私は最初にお子さんの学年から聞いていきます。相談者のなかで一番多いのが、中学校1・2年生の子を持つ親御さんです。次に、家での様子を伺います。

私「お子さんは家で何をしていますか」
親A「勉強はしていません」
親B「ずっと寝ています」

親御さんたちはたいてい、このような表現をします。私は続けて、

私「いや、そんなはずはないですよね。お子さん、家で何かやっていますよね？」

と訊ねます。すると……、

親A「ゲーム、ですかね」
親B「何時間もスマホを見ています」
私「スマホで何を見ていますか？」
親B「動画ですかね」
私「動画だけですか？」
親B「いや、何かやっています」

このように、多くの親御さんたちは、こちらから細かく質問をしていかないと本当のことをお話ししてはくれません。初対面の私に「うちの子はゲームばっかりやっています」

という表現をするのには若干の後ろめたさがあるのでしょう。その気持ちはとてもよく分かります。

しかし私の方から、**「お子さんは家のなかで何をしていますか？」と訊ねれば、ほぼ100％の親御さんが「ゲームです」と答えます。**

一時期話題になった、不登校の小学生YouTuber「ゆたぼん」をご存じの方も多いと思います。ゆたぼんは、同じ不登校の子を持つ親御さんにも多大な影響を与えました。

今どきの「不登校」という言葉を新聞やニュースでしか聞いたことがない人が思い描く不登校の子どもは、学校で嫌なことがあって行けなくなったり、学校に不満があって行かなくなったりしていても、しっかりとした自分の主張を持っているというイメージでしょう。自分のペースで勉強をしていたり、絵画や音楽など、自分のやりたいことを突き詰めていたり、オンラインでプログラミングを学んでいたり、日本中を旅していたりする(?)、ちょっと変わった、でもキラリと才能が光る子……という認識があるかもしれません。でも、そんな子どもは、現実においては一握りほどです。

そもそものようなお子さんは不登校というカテゴリーに入りません。

ギフテッド＝優れた才能を持つ一部の天才は確かにいます。しかし残念ながら、毎年

300名以上の相談を受けて、ギフテッドのお子さんに出会うことはほぼありません。そもそも才能がありすぎて学校に馴染めないという子どもは、他人がつくったゲームの世界にはハマりません。なぜならば「つまらない」からです。逆に「ゲームをつくっている」側にいるのが普通です。

私が今まで相談会で接してきた限りでは、不登校の子どもの多くは、ごく一般的な共働き家庭の子です。昼間は一人で家にいられて好きなことができる環境が整っていますし、食事も親が用意してくれた美味しい昼食やおやつがありますから、とても快適に過ごしています。そのまま何もしなければ状況は長期間変わりませんから、親御さんは毎日毎日、我が子がゲームで一日を潰していく姿を横目で見ながら生活をしています。そして、ふと考えたときに、「この状況はいったい何なんだ?」という思いが湧いてきますが、「どうしてよいか分からない」ために、「なんでこんなことになったんだろう」「このまま一生この子は家にいるのではないか?」という不安が高まります。そのために、親御さんがどんどん精神的に参ってきてしまい、家庭環境が壊れ始めるのです。

もちろん、ゲーム機が家にない、我が子にスマホを持たせない家庭もありますが、コロナ禍以降、文部科学省の「ＧＩＧＡスクール構想」により、全国の小中学生にタブレットが支給されたので、インターネットさえつなげられれば、今や日本の小中高校生は誰もがゲームで遊び、動画の視聴ができるという環境にあります。学校の休み時間に先生に隠れてゲームをしている子も少なくないのです。

ゲームはまるで竜宮城？ 時間感覚が失せていく

「学校に行かなくなってから、もう3カ月だよ」

面談に来る不登校の子どもたちと、不登校の期間について話題にすると彼らは一様に目を丸くします。

「え？ もう3カ月も経ったっけ？ なんかまだ休んで1週間っていう感じ！」

「あれって気がついたら1～2カ月が過ぎていてー」

不登校になってからゲームばかりしている子どもたちの反応は、たいていこのようなものです。１週間もゲームをやり続けている小学生の我が子を心配したお母さんが注意をしたところ、「１週間？　ママ、そんなウソつかないでよ。まだ5時間くらいでしょ」と笑われて、ゾッとしたと話してくれました。

もちろん、普通に登校している子でも、ゲームに費やす時間は問題になっています。

次のグラフは、文部科学省が２０２２年7月に発表した全国学力・学習状況調査の結果です。この調査によれば、小中学生の7割以上が、平日でも1日1時間以上パソコンや家庭用ゲーム機、スマートフォンなどによるゲームをしていることが分かります。

しかし、不登校の子どもが過ごしている日常は、学校に通う子どもとは時間の流れ方が違います。人間は暇な状態が続くと苦痛を感じる生き物です。何もやることがない、外部からの刺激もない環境に24時間さらされると精神に支障をきたします。そのストレスから

図4●平日にテレビゲーム
(パソコン、携帯ゲーム機、従来型携帯電話、スマートフォン利用によるものを含む)を
1時間以上する人の割合[学校種類別]

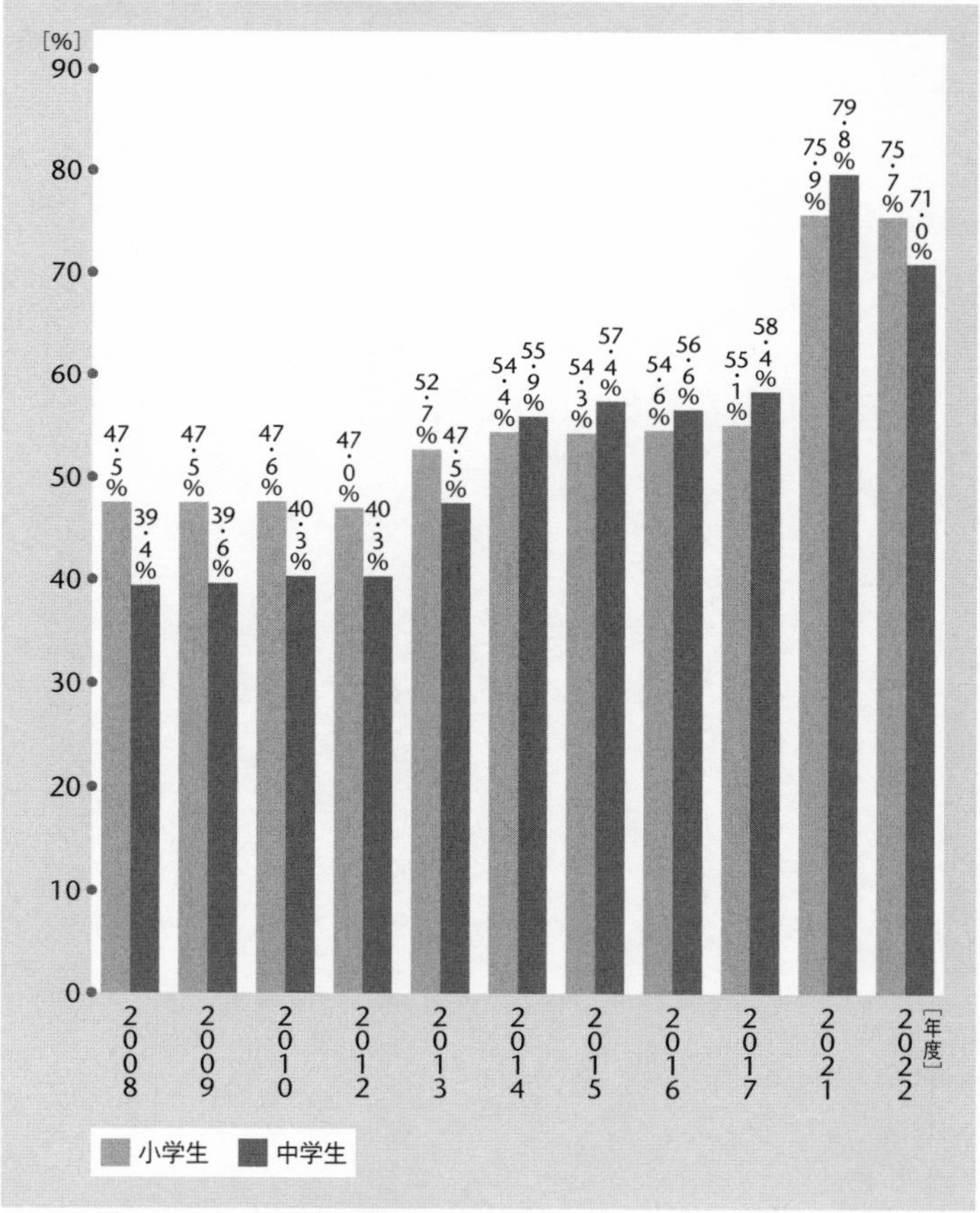

＊全国学力・学習状況調査(2022年度版 文部科学省)より

図5●平日にテレビゲーム
(パソコン、携帯ゲーム機、従来型携帯電話、スマートフォン利用によるものを含む)をする
平均時間[学校種類別、時間]

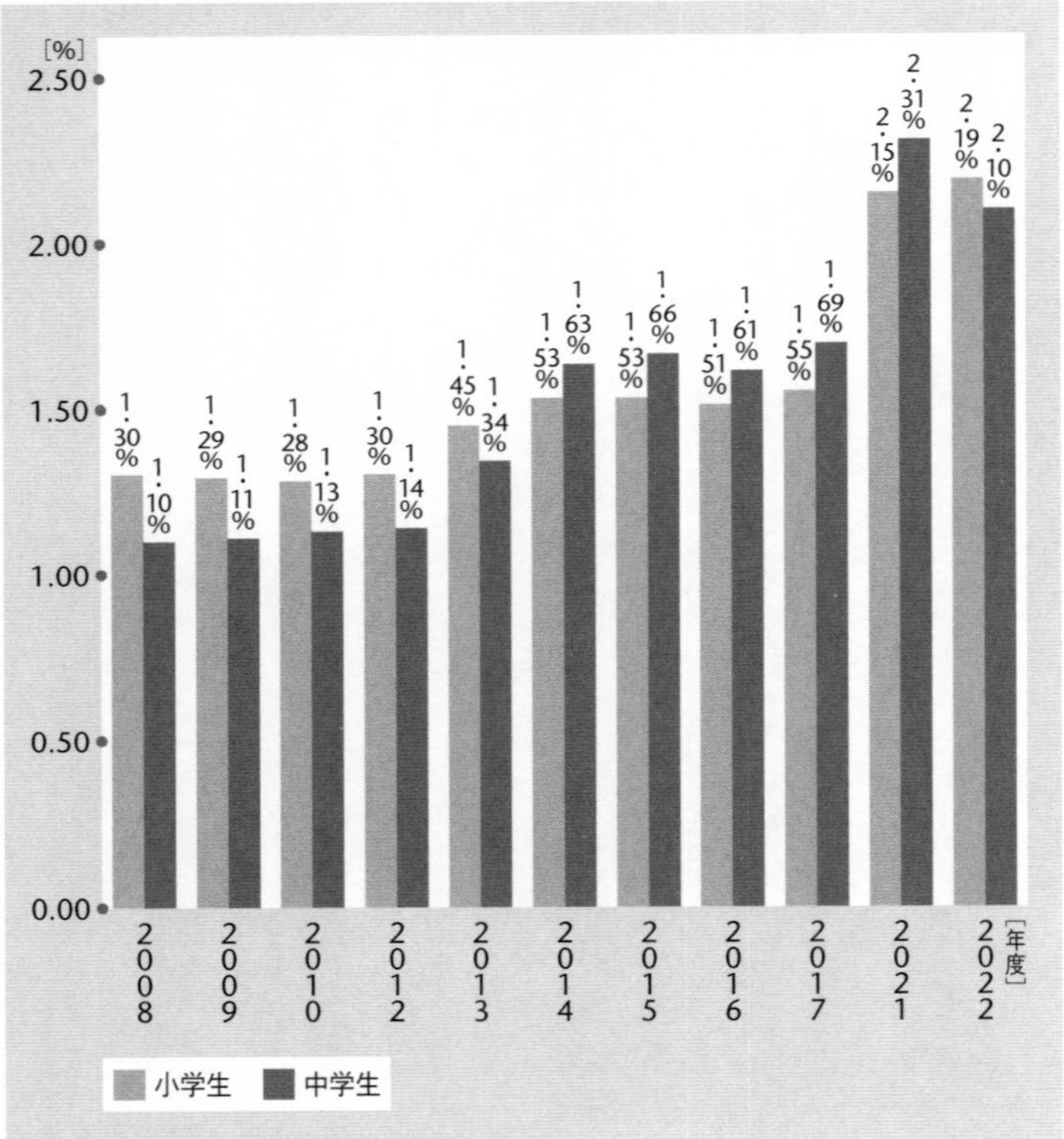

＊全国学力・学習状況調査(2022年度版 文部科学省)より

逃れるためにゲームは最適なのです。

ゲームは、言わば「刺激の玉手箱」です。視覚、聴覚、最近のゲームは触覚までも満足させます。強い刺激を受けたままゲームの世界に入り浸ると、他の感覚は鈍麻します。食事や睡眠はゲームの合間にとっている状態ですから、「今日も一日が終わった」ではなく、「(ゲームが)ワンクールが終わった」という感覚で生活のサイクルが狂い始めていくのです。

２０２２年にＷＨＯ(世界保健機関)が、日常生活に支障をきたすほどゲームに没頭する**「ゲーム障害」を、新たな依存症として正式に認定しました。**そのうえで、次のような症状が認められるとあります。

- **頻度や時間など、ゲームをプレイするうえで制御がきかない。**
- **ゲームの優先度が増し、**
  ゲームをプレイすることが他の興味や日常生活よりも優先される。
- **ネガティブな影響が出ても、**
  ゲームを継続・やり込むようになる。

●ゲームの行動パターンが重度になり、その結果、自分自身や家族、社会、教育、職業といった他の重要な生活機能に支障をきたす。

海外では、どのような状況なのでしょう?

アメリカは2013年にインターネット・ゲーム依存症に「障害」としての診断基準を設けました。韓国では、2011年から未成年者の夜中のゲームを禁止しました。そして中国では2021年8月、コロナ禍の最中に18歳未満のユーザーがオンラインゲームをする時間に新たな制限を設けました。未成年のオンラインゲームユーザーは、祝日、金曜日、土曜日、日曜日の午後8時から午後9時までしかプレイできないという厳しい制限です。

一方、我が国では2020年4月に香川県が国内でいち早く〈ネット・ゲーム依存症対策条例〉を施行しました。18歳未満の子どもを対象に、ゲームなどの利用の上限を一日当たり平日は60分、休日は90分を目安とすることなどが盛り込まれ、家庭でルールを定めるよう保護者に求めたものですが、一部メディアは、「行政が市民のプライベートを監視する」と批判的に紹介し、香川弁護士会は憲法13条が定めている「自己決定権」を侵害しているおそれがあるとし、条例の廃止を求めるなど、立ちはだかる壁が多くあるようです。

ゲーム漬けの子どもと、どう対峙すればいいのか？

すでにゲーム漬けになり昼夜逆転している我が子への対応が分からず、何年も苦しんでおられる親御さんも多く、お話を伺うたびに胸が痛みます。

先日私のところに相談に来られたのは、息子さんが小学校5年生から時々学校に行けなくなる状態、いわゆる「五月雨《さみだれ》登校」を続けていたご家庭です。そして中学生になってすぐに、とうとう完全な不登校になっていました。

父親「息子は完全な昼夜逆転というほどでもなくて、午前2時頃には寝ているようです。お昼前には起きてきて、食事もリビングでとりますし、基本的な生活はできていると思うのですが……起きても家族へのおはようの挨拶もなく、着替えもせずにすぐさまスマホのゲームとニンテンドースイッチをいじり始めて、結局それだけで一日を過ごしています。我慢ができなくなって、この間、スマホとニンテンドースイッチを取り上げたんですよ」

私「どうなりました?」

父親「怒って部屋に入って出てこなくなりました。食事のときも出てこないから、何か部屋で食べたようですが、夜中になって癇癪《かんしゃく》を起こしまして。寝ていた私たちの寝室に来て、『返せよ、クソジジイ! ふざけんじゃねえよ!』と暴言を吐きちらし、殴ってくるようなしぐさもありました。あんな息子は初めて見ました。夜中の1時過ぎですよ。妻は怯えて泣き出すし、息子は床をダンダンと力強く踏み鳴らすので近所迷惑にもなるし、仕方なく、ニンテンドースイッチだけは渡しました」

このように、**ゲームを取り上げることは、子どもへの宣戦布告です。**これは子どもにとっては、突然の兵糧攻めに遭うようなもので、家庭内戦争が勃発します。そして、私が見ている限り、**この戦争ではかなりの確率で親側が敗北します。**

まずは子どもから、言葉による反撃が始まります。「クソババア!」「クソジジイ!」は序の口で、「死ね！」とか「殺すぞ！」もしくは「死んでやる！」などの暴言や脅し文句を吐かれ、打ちのめされる親も少なくありません。戦いを長引かせる気力を親は持ち合わせず、「もういい！　分かった。ゲームでもなんでもやれ！　好きにしろ！」と白旗を揚げる羽目になります。子どもは親から、「好きにしろ」という言葉を引き出せたら勝ちです。好きにゲームをやり続けることを親に認めさせたも同然です。だから、安易にゲームを取り上げる方法はお勧めできません。

案の定、このご家庭の戦いはどんどんエスカレートしていきました。

父親「先日、息子にニンテンドースイッチを返したと話しましたが、あの後、平穏無事に過ごせたのは数日でした。それからは気に食わないことがあったり、何か欲しいものが手に入らなかったりすると、必ず暴れるようになってしまいました。キレたらもう手がつけられなくて、物は投げてくるわ、殴りかかってくるわで……妻はすっかり怯えきっています。子どものほうが立場が上になってしまったのです」

私「それは大変でしたね。お子さんの行動に恐怖心を覚えたら、まずは逃げてください。身の安全を確保してください。ただし、次に暴れたときにまた逃げるとしつこく追ってきますから、そのときは、ためらわず警察を呼んでください」

父親「え？　110番してもいいんですか？」

私「警察の少年課は、このようなケースでもちゃんと対応してくれます」

父親「いや、警察はちょっと嫌です。近所の手前もあるし。そんなことをしたら、あの子は親から見捨てられたと思ってショックを受けるんじゃないですか？　学校に行かなくなった今、親しかこの子を守れないんですから」

私「お父さん、それは違いますよ。外の力を借りてでも、変えなければいけないことがあるんです」

父親「……」

警察を家庭に介入させるということ

警察を呼ぶことを躊躇する親御さんは多いです。しかし、警察に頼ることで問題が悪化することはまずありません。警察の介入をきっかけに多くのケースが好転していることを、私は経験上知っています。それが成功したご家族のお話をしましょう。

今のゲームは、インターネットにつなげた環境で対戦相手や味方と音声でコミュニケーションを取りながら遊ぶものが多く、なかでも銃を使って撃ちまくるシューティングゲームは、プレイしているうちに、ゲームのコミュニティ仲間につられて言葉がどんどん汚くなっていきます。

「クソッ！」「死ねよ！」「消えろ！」「マジうぜえ！」「潰すぞ！」

子ども部屋から聞こえる我が子のこんな叫び声……。うちの子はいつからそんな汚い言葉を使うようになったのかと、耳を塞ぎたくなる夜に覚えのある親御さんは少なくないと思います。

このご家庭での問題は、我が子の言葉が汚くなるだけではありませんでした。家のWi-Fiの性能が悪かったため、インターネットでつながった子どもたちとチームを組んで戦っている最中に画面が時々フリーズしてしまい、味方に迷惑をかけたり、ハプニングが起きたりしていました。その度に子どもがそのイライラを、プレイ中のテンションで親御さんにぶつけてきていたのです。

「なんでこんなクソなWi-Fiしか付けられないんだよ!」

「ふざけるな、新しいの買えよ!　貧乏人かよ!」

「俺がこんなになったのはお前らのせいなんだよ!」

毎日毎日、中学校2年生の息子からこんな言葉を聞かされる親御さんにも、だんだんストレスが溜まっていきました。ある日、堪忍袋の緒が切れた母親が、とうとう怒鳴りつけます。父親は不在でした。

母親「いい加減にしなさい！　やることやってから親に文句を言いなさいよ、引きこもりのくせに！」

このとき始めて、母親は息子につい、「引きこもり」という言葉を使ってしまったそうです。

子どものほうはゲーム中で、興奮した状態にいるなかでいきなり親から怒鳴られたものだから、売り言葉に買い言葉で叫びました。

「テメエ、ふざけんじゃねえぞ、クソババアーッ！　殺すぞ！」

いつのまにか自分より体が大きくなった息子からそう言われて、母親はあまりの恐怖から外へ飛び出しました。しかし息子は外へ飛び出す勇気がない。家のなかで大声で怒鳴りまくり、物を壁に投げつけては、壊し続けているようでした。ガラスの割れる音も聞こえてきて、このままでは近所の人が出てきてしまう。もうやめて、分かったから！……降伏した母親は、息子に言われるがままにもっと高機能なWi-Fi機器を購入したうえに、パソコンまで新しくしてしまいました。

この騒動で、**「親を怯えさせさえすれば、欲しい物が手に入る」ということを子どもは学んでしまいました。**「キレる」ことが、手段となったのです。当然、親はどんどん疲弊していき、精神のバランスを崩していきました。

私「子どもを怖いと思ったら最初は逃げてくださいね。でも2回目には、警察に連絡をして少年課の方に来てもらうなどして、外部の力を少し借りましょう」

こう提案すると、親御さんたちは、全員驚きます。

私「警察を呼ぶことで、『暴力を振るうことはしてはいけないことだ』と教えられます。正しいしつけができるんですよ」

母親「警察なんて呼んだら、親のことを恨んでしまいませんか？　その場は収まったとしても、後から余計に暴れるのでは？」

父親「自己肯定感を下げることになりませんか？」

私「今、あなたのお子さんは、暴れたらいいことが起こるという負のスパイラルに入っているんですよ。外の力を借りてでも『ダメなものはダメ』と教えないといけません。それはお子さんが引きこもりから脱した後でも大事なことです。もはや、警察を呼ばなければ、それを断ち切ることができなくなっています。きちんとお子さんと向き合うために、今こそ外の力を借りてください」

このご両親は悩んだ末、次に息子が暴れたときに警察を呼びました。駆けつけて来た少年課の警察官は「暴力を振るえば逮捕される」ことを本人に懇々と話し、落ち着かせてから帰っていきました。ところが……その子が次にキレたとき、「暴力がダメなら暴言だったらいいんだろう⁉」と、言葉で親をなじり始めました。

「なんで俺を産んだんだよ！」

「仕事しかしねーで、俺のことは育児放棄じゃねーか」

「育て方が悪いんだよ！」

「俺のことを引きこもりと言いやがって！　今でも頭に残っているぞ」

「こんな頭の悪い人間になったのはお前のせいだ」


しかし、怯んではいけません。子どもの暴言のほとんどが甘えの裏返しです。**不登校の子に特徴的なのは、自分がうまくいっていない理由のすべてが、「人のせい」になっていること。**記憶が本人の都合のいいように改ざんされているのです。

さらに、親御さんも毎日毎日我が子に責め立てられていると、覚えているはずもない遥か昔のことなのに、「もしかしたらあの子が幼稚園くらいのときに、そんなことを言ってしまったのかもしれない」と、記憶の誤作動が起きて、「私のせいだ！」と思考がすべてマイナスになっていくのです。

結果として、「私の育て方が悪かったのだ」と自分を責めるようになります。謝罪すれば子どもは変わってくれるかもしれないと思ってしまうのです。そして、本人の欲しがるものを買い与え、「ごめんなさいね」と謝ったりもするので本人はさらに王様になれます。

まさにこの子はそのタイプでした。もともとしつこい性格だったと父親は我が子を評価していましたが、それから毎晩毎晩夜中の３時頃まで、寝ているお母さんの耳元でずっと恨みごとを言い続けたそうです。

こんな子、産まなければよかった……毎晩の攻撃に耐えられなくなったお母さんは、私に電話をかけてきました。

母親「言葉の暴力でも警察を呼んでいいものでしょうか？」

私「まったく、構いませんよ」

少年課の警官は再び家を訪れ、「言葉の暴力も傷害罪だからな」と子どもに言ってくれたそうです。ところが「言葉の暴力」という言葉が本人にピンとこなかったようで、すぐに攻撃が再開しました。そして母親にこう言い放ったそうです。

「今度、警察を呼んだら俺、死ぬからな」

それからしばらくして、またお母さんから電話がかかってきました。

母親「息子が、今度警察を呼んだら死ぬって言って暴れています。それでも……警察を呼んでいいものでしょうか」

私「大丈夫です。警察はプロだから。突入したときに子どもが慌てて行動を起こしたりしないように安全確保しますから」

そして三度目の通報をしました。警察を呼んだら死ぬと言っている、ということも小声で伝えました。すると、今回やって来た警官がなんと15人だったそうです！　子どもが飛び降りる可能性があるからと、安全確保のために捜査員をベランダからも入れていました。

この日はチームの班長の警官が子どもに言い放ちました。


「おい、次に俺がお前の顔を見たときには、絶対に保護所に連れてくからな!」


この一言が、息子には相当のインパクトがあったようです。

この日を境に暴言暴力はなくなり、効果はそれだけでなく、親御さんともきちんと会話ができるようになりました。

戦いには必ず終息があります。だから親御さんにはぜひ戦ってほしいと思います。**行動に移すことによって物事が動き出し、解決策が見出せます。**

その手段として外の力を使っても構わないのです。

次章で、「諦める力のつけ方」についてお話ししますが、少しずつでよいので、「自分のわがままは通らないのだ」ということを戦略的に教えていくことも、大切な教育です。

第3章

不登校を終わらせるため、今すぐWi-Fiを切ろう！

今すぐWi-Fiを解約せよ！

「今すぐWi-Fiを解約してください！」

過激に聞こえるでしょうか？　でも、これが本書で強くお伝えしたいことの一つです。

ゲームをやめさせるために利用時間を制限して、一定の時間で電源が切れるようにセットしたり、フィルタリングをかけたりする親御さんもいますが、こうした技は、子どもたちのほうが一枚上手です。インターネットの制限を解除する方法を検索し、研究していますから、いとも簡単に解除、突破されてしまったというご家庭も多いことでしょう。

繰り返しますが、ゲームはもともとあの手この手を使って、ユーザーが依存するようにつくられています。

アルコール依存の人があらゆる手段を使って酒を飲むことに必死になるように、ゲーム依存になった子どもたちは必死になってゲームができる環境を取り戻そうとします。だからこそ、ゲームをやめさせる一番の方法は、思い切って家のネット回線を切ってしまうこと。そう、禍根を断つのです。

家のWi-Fiを切ることは、利用制限をするとかフィルタリングをかけるという話ではなく、ネットがまったく通じない環境をつくることです。つまりネット回線を解約するわけですから、もちろん、親も確実に生活が不便になります。しかしそれほどの覚悟がなければ、我が子はゲーム依存のまま、不登校のままかもしれません。

Wi-Fiを切って成功したご家庭はたくさんあります。その一例を紹介しましょう。

Wi-Fiを切ったことで外に出られるようになった

そのご家庭の子どもは小学校5年生で不登校になり、それからはゲーム三昧で何の手立ても施さないまま3年も経っていました。限界を感じた親御さんは、なんとしてでもゲーム依存から我が子を救って、学校に戻したいと私のところに相談に来られました。そのときにWi-Fiを切って不登校が改善したご家庭の話をしたところ、なんとその親御さんは即実行、次の日にWi-Fi回線を解約してしまいました。

中学校1年生だったその子は、それまで怒ることはあっても激高する子ではありませんでしたが、このときは全身で怒りを表したそうです。

「お前らがWi-Fiを切って俺に嫌がらせするなら、俺もお前らを困らせる!」

と宣言し、トイレに鍵をかけて閉じこもりました。その家にトイレは一つ。兄妹もいて、家族中が途方に暮れました。しかしその子は根性があって何時間もトイレに籠城し続けます。家族の我慢も限界に達しました。最初にコンビニに行ったのはお兄ちゃんでした。するとお兄ちゃんがすぐに家に電話をしてきました。

「コンビニはトイレが使い放題でWi-Fiも使えるよ!」

そうか。その手があったのか！　そういえばファミレスもWi-Fiとトイレがあるじゃないか！　ということでそれから2週間、そのご家族全員が帰宅後すぐにカバンを置いてマンション前のコンビニや近くのファミレスに通い、長い時間を過ごすようになったのです。

これは後から息子さん本人に聞いた話ですが、最初に閉じこもった日、トイレから出てみると家には誰もいない。それでも、「さぞ、みんな困っているだろう、ざまあみろ！」と思っていたら、しばらくすると家族全員がなんだか楽しそうにして外から帰ってきた。それからは毎日毎日家族みんなが仲良さそうに一緒に戻ってくる。すると息子さん本人は、

「なんで俺だけがこんなところに閉じこもっているんだ？」

と考えるようになり、数日後、家族が戻ってきたと同時に入れ違いでコンビニに行きました。「家の外は天国だった！」とそのとき、その子は感じたそうです。

Wi-Fiが切られたことでこの子が学んだのは、家のなかにこもっていても何も変わらないけれど、一歩外に行けば何かしらの手段はあるということです。それはとても大きな一

歩となりました。ただし、それですぐにゲームをやめられたわけではなく、それからはスマホを持ってコンビニに通い始めました。コンビニなら数百円あればお菓子は食べられるし、Wi-Fiも使い放題だし、イートインコーナーもある。2週間、コンビニの主のように通ったそうです。

Wi-Fi回線の解約がこの子にとってよかったことがもう一つあります。コンビニを目指して外に出れば人の目に晒されますし、嫌でも外の世界を見ることになります。結果、再び「俺は何をやっているんだろう?」という今の自分を疑問視する気持ちが襲ってきたそうです。

「クラスの子たちは学校が終わって
部活帰りや塾に行く前にコンビニに来てるのに、
俺は毎日ここでお菓子を食べながら一人でゲームって、なんか変じゃないか?」

そう、**不登校の子どもたちの多くは、本音では「また学校に行きたい」と焦燥感を抱いています。**しかし学校に行かなければ行かなくなるほど、どんどん登校しづらくなってしまう。そうした状況下で本人が自然に「また外に出たい。また学校に行きたい」と思うことはとても難しいのです。だから、そのきっかけが、Wi-Fiを切ることであり、コンビニでもいいから一歩外へ出てもらうこと。

この子はコンビニに行くために、これまでずっと拒否していたお風呂に入るようになりました。本人が身なりを気にするようになることは、不登校から立ち直れる大きな一歩。お風呂に入って、毎日コンビニに通い続けたのです。これにはお母さんも喜びました。

しかしながら、中学校には最後まで行けませんでした。ただ、少しずつ外の空気を吸うようになって、「こんなことしていてもしょうがない」という思いが育ったようです。そして、自分の意志で私のところに通うようになり、勉強を再開。高校は全日制の普通高校に合格できました。

今では、不登校だった過去などまったく感じさせない子になって高校生活を謳歌しています。

「諦める力」をつけるために

長年、家から出られなかった子どもが、Wi-Fiが使えなくなるだけで外に出ていくようになったなんて、荒療治に思えるかもしれません。Wi-Fiはもはや、電気や水道と同様のライフラインと考えれば、他の家族にとっても多大な影響が出る場合もあるでしょう。兄弟姉妹がいれば尚のこと。しかし、一度試してみる価値はあるはずです。

想像するだけでゾッとする親御さんもいると思います。しかし、ほんの数年前まで、そもそもWi-Fiなど家庭にはありませんでしたし、親がWi-Fi環境を整えて安くない使用料金を払っているからこそ、子どもは好き勝手にインターネットが使えるのです。

もっと言えば、**ゲームもスマホも親が我が子に買い与えたものではないですか？　それならば、子どもにお伺いを立てる必要もありません。**親が「誰のおかげでゲームができていると思っているんだ？　もうやめた！」と言えば、それだけでいいのです。

もちろんここでも親子間での戦争は起こりますが、ゲーム機を取り上げるための戦争とは違って、家族全員からWi-Fi環境が奪われるので、みんなが困る状態になります。自分一人が困っているのではなく、家族全員が困っていることを、子どもに理解させましょう。

「あなたのせいで私たちもネットが使えなくて
仕事に大きな支障も出てくるけれど、
あなたがずっとゲームをやり続けているのは親として心配だから、解約します」

こう宣言してから、通信機材を全部引き上げてもらってください。子どもはしばらくは親を責めますが、それくらい思い切ったことをすれば1週間も経つと諦めます。

「諦めない子どもに育てよう」。多くの子育ての本には、そんなふうに書いてあるはずです。学校教育も、「諦めない」というパワーワードが大好きです。**しかし人生には、絶対に〝諦める力〟が必要なのです。**

どんなに勉強しても、手の届かない学校がある。

どんなに練習しても、勝てない試合がある。
どんなに努力しても、手の届かないライバルがいる。
どんなに好きになっても、振り向いてくれない片思いがある。

……そのときに、「どう諦めるのか？」を考えさせることも、大切な教育なのです。Aがダメでもという選択があるよ、と教えることも親の役割でしょう。諦めることを知らないで育った子どもは、子ども時代に周囲からもてはやされていたとしても、大人になってから必ず挫折します。いつまでもぬくぬくとゲームができる環境にいる生活を諦めさせるには、親の覚悟が必要です。

18歳になったら家賃を払ってもらう

突然ですが、キリスト教では「天国の世界」、「神様の世界」をどう説明しているかをご存じでしょうか。

悲しみ、苦しみ、痛みといった苦痛は存在せず、飢えがない、臭いがない、寒暖差がない（常に快適な温度）、病気がない（清潔である）というところ。それが天国、神様の世界だというのです。

まるでそれは、恵まれ過ぎた家庭でゲーム三昧の日々を送る子どもの世界と相似形です。しかしそうした環境で一生を過ごせる人間なんているわけがありません。

子どもに何不自由なく過ごさせてあげたいと思うのは、親の愛です。ある意味当然のことで、その思いのすべてが悪いわけではないでしょう。

しかし、そんな環境で子どもを育てれば、その子は無欲、無気力になります。つまり、**「頑張らなければ手に入らないもの」が見当たらなければ、人間は頑張れないからです。**将来の大きな夢を持つこともせず、一生懸命働く意味も分からない。しかし不登校が続けば、大きな夢の代わりに大きな劣等感を抱えてしまう。

昨今、「８０５０問題（80代の親が50代の子どもの生活を支える状況）」という言葉が流行し、大人の引きこもりが問題視されているように、「一生働かないで親の資産でなんとか食べていく」という人も珍しくなくなりました。

もし、我が子を一生の引きこもりにしたくなければ、二十歳になったら家から出て行ってね、と日頃から我が子に伝えておくことです。

恵まれた家庭で育った子どもほど、家から出ないうちは、彼らに物欲は湧きませんから自分で稼ごうなどとは思わないでしょう。そういった事態を避けるために、私は学校に行かずに家に引きこもってしまった子どもからは「毎月の家賃を取ること」をお勧めしています。

親が子どものゲーム利用を制限したり、Wi-Fiの契約を解除したり、家賃を取ることを理不尽だと言う人もいるかもしれませんが、**親はそもそも理不尽な存在です。理不尽さを学ぶことは子どもの自立にとって非常に必要なことで、それは社会ではなく家庭のなかで教えるもの**です。

大自然の森のなかで暮らす野生動物が、ある日突然子どもに辛く当たって自分の縄張りから追い出そうとします。突然豹変した親に、子どもたちがオロオロしている光景を、テレビのドキュメンタリー番組などで見たことがあると思います。子どもはしばらくの間、親の後を追う行動をしますが、やがて「もう自分を受け入れてはもらえないのだ」と悟り、親から離れて生きていく準備をし、パートナーを探します。

なぜそれが、ヒトにはできなくなっているのか？

ここで強く印象に残っているあるご家庭のお話をさせてください。

そのご家庭は、両親と二人の息子の四人家族。二人の息子はそれぞれ個室を与えられていましたが、小さい頃から、「大学生になったら家を出て一人暮らしするのよ」と母親から口癖のように聞かされていました。二人の息子たちはそれを当たり前と思って育ったので、大学合格と同時に一人暮らしを開始しました。

その二人がお正月に里帰りしたときのこと。自分の部屋のドアを開けて、愕然としました。兄弟の部屋は、ガラリと模様替えをされ、夫婦それぞれの部屋になっていました。実家に帰ってきても自分たちの部屋がなかった彼らは、ソファとリビングにそれぞれ布団を敷いて一晩を過ごし、アパートに帰っていったそうです。もちろん喧嘩はしませんでした。「ここにはもう自分の居場所がないのだ」そう実感したことで、二人ともより大人になったのではないか、と母親が話してくれました。

日本では、16歳になれば働くことができます。だから、「親の言うことが聞けないなら16歳になったらこの家から出て行って自分で働いて暮らしていいのよ」と伝えて構わないと思います。

「住む場所も食事も与えて、あなたを守ってあげているのだから、扶養家族であるうちは親の言うことを聞きなさい」と、子どもとしての義務を果たすように促すことが、子どもを自立に向かわせるのではないでしょうか。

義務と権利は表裏の関係です。義務を果たしたことで与えられるものが権利です。

「やるべきことをやっていなければ、あなたの権利は主張できませんよ」と子どもに教えてあげてください。「学校に行かず、ゲームばかりやっている子どもに発言権がないのは当たり前!」くらいの強い気持ちを持っておいてください。

「親が働いてくれるから、親の給料で自分が生かされている」

「親は理不尽だけど、親から離れたら生きていけない」

今はその肌感覚を持たない子どもが多過ぎます。自分勝手な主張を通すときでさえ、親が用意して利用料金を払ってくれているスマホを使って、屁理屈しか言えないYouTuberの動画を見ながらその真似をしているだけなのに、親を言い負かしたつもりになっている子どもが多いようです。

誤解を恐れずに言いますが、「子どもであっても、大人と同等の権利がある。今の教育現場にもっと子どもの意見を取り入れましょう」と声高に言っている教育者は、不登校の現実を本当に理解しているのかどうか疑問です。

学生のうちは何か目新しいこと、尖ったことを言うだけでチヤホヤされます。SNSでたくさんの人から「いいね」を押されることで万能感も補強されるでしょう。

ところが、大人になって就職した途端に自分の提案が簡単に却下されるような環境に置かれます。小さい頃から必要な指導が受けられず、ただただ褒められて持ち上げられ続けてきた子どもが、社会人になって、「誰も自分のことを認めてくれない」と出社拒否をして引きこもるケースも多くみられます。「実家に帰ればなんとかなるだろう。自分の部屋もあるし。お母さんが食事をつくってくれるだろうから」とすぐに会社を辞められる若者は、果たして本当に幸せなのでしょうか?

第4章 ゲームを不登校解決への糸口に使ってみる

ゲームを使うと不登校の子どもの何が分かるか

母親「朝は起きませんし、起きてきても学校に行く気なんてさらさらありませんよ。学校のことだけじゃなく、何を聞いても答えたくないことには口を閉ざします。それなのに、好きなアイドルがいて、推し活っていうんですか？　その話だけは本当にしつこく私にしてきます。

あとは、何か食べるときだけリビングに来て、スマホを触りながら食べられるものだけ食べたらまた部屋にこもります。ゲームは毎日やっていて、もう2年になります。病院に連れて行きたいのですが、やっとの思いで思春期外来の予約を取っても起きられないし、女の子なのにお風呂も嫌がって同じスウェットを1カ月以上は着続けていて……もう、何を考えているのか分かりません」

この相談をされた親御さんは、顔色が悪くげっそりと痩せてしまっていました。すでに家に引きこもって依存症発症寸前のゲーム漬けの子どもに、周りの大人は何をしていけばよいのでしょうか。

まず、親がやらなければいけないことは、我が子が今どういう心理状態にいて、どういう考え方をしているのかを分析することです。それを踏まえて、子どもが自分の将来や未来に思いを馳せることができるように仕向けていくこと。「学校に戻ればこんな良いことがあるよ」などと曖昧なことを言っても子どもたちには響きません。彼らは「学校に行かなくても良いことが起こる世界」を探しているのですから。

そんな彼らにはまず、具体的な目の前の未来を見せてあげる必要があります。

中学生の子どもならば高校生になるということを、高校生であれば大学や就職についての話をしたり、関係する機関や場所に連れて行ったりするのです。そうやって具体的に未来を想起させて、「こんな世界を覗いてみたくない?」と持ち掛けることが不登校解決の重要なきっかけになります。

当たり前のことのように思われるかもしれませんが、その段階を経て、子ども自身が自分の未来を現実のものと考え出したときに初めて、「いつまでもこのままじゃいられないんだ。やっぱり学校に戻らないとダメだよね?」という問いが自身のなかから生まれてくるのです。

しかし、多くの親は子どもの気持ちがそこに達する前に、学校に戻ることを目指してしまうので、なかなかうまくいきません。

私は不登校のお子さんとお話をするとき、本人の口から話が出るまでは、学校のことには一切触れないようにします。ただ、「将来に向けて最低限の勉強はしないとね」という話だけをしています。子どもたちも勉強は必要だということは分かっていますから、具体的な勉強法を教えてあげれば、基本的にはエンジンがかかってきます。

「なんだ、そんなことか」と簡単に感じられるかもしれませんが、心が傷ついて学校に行けなくなったり、ゲームに没頭することしかできなくなったりしている不登校の子どもたちに、「勉強しなきゃ」と感じさせるところまでモチベーションを上げていくには少しテクニックが必要で、まずはその子の今の心理状態や考え方の傾向を知らなければなりません。

私はできるだけ初回の面談中にその子の性質をある程度のところまで把握しようと努めているのですが、そのために利用しているのが実は、ゲームです。

今から10年ほど前からでしょうか。面談に来た不登校の子に「昼間、家で何をしているの?」と訊ねると、「ゲーム」と教えてくれる場面が急激に増え始め、今では、親御さんだけの面会のときにも必ず「お子さんはどんなゲームをやっていますか?」と聞くようになっています。

その質問をする理由は二つあります。

一つは、親御さんが本人のことをどれだけ知っているかということを知るため。子どもが部屋に引きこもっていてご両親とコミュニケーションを取っていない場合には、「どんなゲームをやっているかは知りません」と答えます。「この親子はお互いにどう接していいか分からない状況だな」と判断できます。

逆に、子どもが自分の部屋ではなく、居間など家族が共有している部屋でゲームをしているのであれば、子どもが何のゲームをしているかを親御さんはある程度把握できているはずです。子どもがやっているゲームのタイトルをすぐに答えられるようであれば、「この子どもと保護者は距離が近いな」と、家庭の状態を読み取ることができるのです。

そして、もう一つの理由。それは、**その子が普段から好んでよく遊んでいるゲームが分**

かると、どんな思想を持って生活している子どもなのかがつかめるからです。

今から数年前、いつものように面談をしていると、あるお子さんが自分がハマっているゲームのことを詳しく語り出しました。ここ数年は、家でゲームをしている子のなかでも特に遊んでいる子が多いのが、最初は無料で始められて不特定多数の人たちとオンライン上で一緒に遊べる「オンラインゲーム」です。

私はそれらのゲームがいったいどんなものなのか興味が湧いてきたものの、話だけでは何も分からず、結局やってみなければ埒が明かないと、子どもたちから話を聞くたびにそれらのゲームを探しては家で実践をしていました。その結果分かったのは、それぞれのゲームをプレイするときに必要なセンスや能力が、ゲームタイトルごとに違うということでした。

当然、私にも得意なゲームと苦手なゲームが出てきます。いったい、なんでそんなことが起きるのか。これらのゲームは、自分の持つどんな能力が発揮されているのか。それを知りたいと思い始めたときに、ふと閃きました。「ＷＩＳＫ（ウィスク）-Ⅳ」を受けるときのきっかけと似ている……。

「ＷＩＳＫ（ウィスク）-Ⅳ」とは、発達に課題があるお子さんに対して、どのような「特性」

があるのかを調べるための検査キットです。私は不登校児の学校復帰のための教室『まほろび』とは別に、障害のある学齢期の児童が、学校の授業終了後や学校の休みの日に通う「放課後等デイサービス」という療育機能を備えた福祉サービス施設の運営をしているため、この検査はとても身近なものでした。福祉施設において「ＷＩＳＫ（ウィスク）－Ⅳ」の検査結果を読み取っていくためには、実際にこの検査を自身が体験する必要があるからです。検査を受けてみるとよく分かりますが、検査で明確になるのは自分の脳の得意分野や不得意分野です。

私は、子どもたちがハマっているさまざまなゲームを自分でプレイしていくなかで、「なぜ自分はこのゲームが得意で、なぜこのゲームは苦手なのか」を考えていました。そのときに、以前に受けた「ＷＩＳＫ（ウィスク）－Ⅳ」の結果を思い出し、ゲームと照らし合わせてみたところ、「このゲームは、脳のこの得意分野を使っている！　こっちのゲームはまったく違う脳の部分も刺激している！」などということが体感できたのです。

さらに私は気がつきました。

「ゲームには個性がある。ならば、その子が好んで遊んでいる（ハマっている）ゲームの種類が分かれば、その子の性格や考え方の傾向を大まかに推測することができる。これは、不登校の回復に利用できるのではないだろうか」

不登校の子どもたちの支援で最初に直面する問題は、親御さんとはすぐにつながることができても、本人と会うまでに時間がかかってしまうことです。

子どもたちは「学校に戻りたい」「普通になりたい」と心の奥で思っていますが、いざそのために「行動」することに対しては、とても慎重です。なぜなら、子どもたちは自分の「心の闇」を「恥ずかしいもの」と感じているので、これを他人に知られたくないと思っているから、本音を話したくないのです。カウンセリングが嫌いだったお子さんに、後でその理由を聞いてみると、「知らない人に、『どんな気持ち？　何をしたい？　どうなりたい？』と聞かれるのがとにかく嫌だった」と言います。つまり、支援者は親御さんとはつながれるが、肝心の本人となかなかつながれないのです。

この問題を解消するために、「その子が普段遊んでいるゲームの名前」を親御さんから教えてもらえば、その子の性質が把握できます。その情報を基に、まずは家庭でどのような声掛けをすれば、お子さんが嫌々ながらでも相談の場まで足を運んでくれるのかが分かり、結果、素早く本人への直接の支援につなげられるというわけです。

さらに、子どもたちは「自分の心の闇」を話すのはとても苦痛ですが、共通言語、つまりゲームをした人にしか分からない言葉を知っていて、その共通言語を使って「ハマっているゲームについてちょっとだけ話す」ことには抵抗がありません。なので、一番初めに本人と会ったときに、本人の気持ちをこちらに向けるきっかけとしてゲームはとても有効な手段となります。「共通言語を使ってくれる大人」との会話をするために、次回も相談に来てくれるようになります。それに気がついたときから、**私はゲームを不登校の子どもたちの支援のとっかかりとして使っています。**

ゲームの種類

一口にゲームと言っても、家庭用ゲーム機（Nintendo Switch、PlayStation、Xboxなど）を使って遊ぶものや、オンラインゲームと呼ばれるインターネット上に多人数を集めて同じ舞台で遊ぶもの、スマホのゲームアプリを使うものなど、ゲームのソフトによってどの機械を使用するかが分かれています。最近は手軽にできるスマホで遊ぶ子どもが増えています。

ゲームのジャンルとしては、シューティングゲーム、アクションゲーム、ロールプレイングゲーム、アドベンチャーゲーム、レースゲーム、パズルゲーム、シミュレーションゲーム、サンドボックス、音楽ゲーム、テーブルゲームなどで、あらゆる欲望を満たしてくれる多様さがあります。

さらに、各ジャンルの個別のコンテンツも多種多彩で、面白さにはそれぞれ特徴があり、その子がどういう遊びを好むかは、性格や気質によるところが大きいものです。

子どもには説明不要かと思いますが、ゲームをやったことのない親御さんのために、ここで主なジャンルを説明していきましょう。

シューティングゲーム

敵に対して銃を撃ちまくることでポイントが加算され次に進んでいく。

アクションゲーム

格闘ゲームなど、コマンドでキャラクターの動きを操って技を習得して戦う。

シミュレーションゲーム

歴史、恋愛、会社経営、戦争、動物や少女の育成など、さまざまな空間で仮想現実を楽しむ。

ロールプレイングゲーム

与えられた仮想空間で、自分が創作したキャラクターが仲間と協力し、アイテムを集めながら敵と戦って冒険を進めていく。

アドベンチャーゲーム

テキストまたは画像、あるいはその両方によって、主人公が置かれている状況が提示され、それに対しどのように行動するのかプレイヤーが考え、選択するという対話形式で物語が進んでいく。

レーシングゲーム

車やバイク、船や飛行機などの乗り物に乗って、臨場感やスピード感を楽しみながら速さを競う。

パズルゲーム

同じ色や同じ形のものを並べて消していく反射神経が必要とされるものや、神経衰弱のように記憶力を必要とするもの、麻雀や脳トレの要素が入ったものなど、比較的短時間で完結するものが多い。

昨今は、これらの要素をいくつか組み合わせたようなゲームも多くあります。

先述したように、どのゲームも誰もがハマるように最大限の工夫が凝らされていています。そして、子どもたちが自ら好んで選んだゲームには、その子の趣味趣向、そして思考の方向性がはっきりと表れるのです。ですから、その子がハマったゲームのタイトルが分かれば、思考の特性がある程度見えてきます。それによって、どういうアプローチで不登校が改善していくかも自ずと見えてきます。

好きなゲームで分かるその子の性格と特性

あくまで私の経験に基づく分析ですが、好きなゲームで分かる性格のタイプは、大まかに三つに分けられます。

1 こだわりの強い農耕民族型

日本人はその国民性として得てして手仕事が丁寧で、働きぶりは真面目でコツコツ、技術力が高い国民として世界中から信頼されています。さらに相対的に、一つのものに対するこだわりも強いと言われています。それはもともと、日本が農耕民族だったことも影響しているでしょう。農業は土づくりや肥料の開発、作物の手入れなど、細部までこだわらなければよい作物ができません。

そんな**農耕民族型が好むゲームの代表的なジャンルは、ロールプレイングゲームやシミ**

ュレーションゲームです。また、任天堂系のゲームも大好きです。アイドルの追っかけやアニメに没頭するのもこのタイプで、同じゲームにハマります。

2 単純明快な刺激を求める狩猟民族型

一方、狩猟民族型であるアングロサクソンの人たちにヒットしているのが、銃を撃ちまくって人間や動物やエイリアンを仕留める単純明快なシューティングゲームで、最近人気のある作品の多くは海外開発のものです。

要所要所で突然敵に襲われるため、迅速な決断が必要になります。ストレス発散のしやすいゲームとも言えるでしょう。このゲームを狩猟民族型が好む理由は、狩りをするために常に獲物を探して移動していたから。一つの土地に根を張って自身で食材を育てて収穫する農耕民族とでは好みも思考も違います。

3 ゴールを目指すことよりも、その過程を楽しむ問題解決型

このタイプは、好むゲームの種類が農耕民族型と非常に似ています。自分の世界を自分で構築していくロールプレイングゲームやシミュレーションゲームにハマりますが、農耕

民族型と違うのは、**たとえロールプレイングゲームで遊んでいたとしてもゴールを必死に目指すというよりも、ゲームに仕掛けられたすべての謎を解いていくことで満足感を得ます。**サッカーや野球のゲームでチームを育成することにも没頭します。

このタイプは大きなプロジェクトを成功に導くために、さまざまな問題について考えをめぐらし、工夫をして解決するのが大好きです。

こだわりの強い農耕民族型の子が好きなゲームタイトル例

『マインクラフト(Minecraft)』[対象年齢●全年齢または12歳以上対象]

スウェーデンのゲーム会社 Mojang Studios(マイクロソフトの子会社)が開発し、2009年に最初の商用版がリリースされ、2011年11月に正式リリース。3Dブロックでつくられた世界のなかで、冒険したり、建築物をつくったりして、サバイバルをする。自由な世界で好きなことを楽しむということが最大のポイントであり、子どもの将来的にも役立つ「問題解決能力」や「計画性」「創造性」を養うことができるとも宣伝されている。

『大乱闘スマッシュブラザーズ』シリーズ［対象年齢●全年齢対象］

日本のハル研究所が開発し、任天堂が発売。シリーズ第1弾は1999年リリース。2018年12月の「SPECIAL」まで全6タイトルが発売。任天堂の人気キャラクターが、ゲームの枠を超えて一堂に会しているのが特徴。公式ホームページには、「相手を攻撃してダメージを与え、フッ飛ばしてステージから落っことしていくスピードと迫力が魅力の爽快アクションゲーム」「少ないボタンで操作ができるようになっていて、初心者でもすぐに楽しめる」とある。

『第五人格(IdentityV／アイデンティティファイブ)』［対象年齢●12歳以上推奨］

中国の網易(NetEase)社が開発し、2018年に日本国内でリリース。非対称対戦型(4対1)の鬼ごっこに似たマルチプレイゲーム。プレイヤーは追跡者「ハンター」あるいは逃亡者「サバイバー」となり、マップに点在するギミックを利用しながら逃げ、または追い詰める「脱出ゲーム」。選択できるキャラクターは医師、弁護士、泥棒、冒険家、占い師、庭師など多岐にわたり、それぞれのスキルやアイテムをうまく使い分け、仲間と協力しながら勝利を目指す。

『原神』［対象年齢●13歳以上対象］

中国の上海米哈游ネットワーク（miHoYo）社（2015年には日本で法人を設立）が開発し、2020年に配信を開始したオンラインゲーム。幻想世界・テイワットを舞台にして、プレイヤーが旅人となり、双子の片割れを探し求めるという、3Dアクションロールプレイングゲーム。「水」「炎」「雷」「岩」「草」「氷」「風」の七つの元素による攻撃ができることが特徴。現在、スマホによるオープンワールドRPGの代表格と言われている。オープンワールドRPGとは、ゲームのなかに移動制限がなく、プレイヤーが自由に目的に到達できるようになっているということ。20人以上が一緒に闘えるのも特徴の一つ。ロンドン、上海、東京の名門オーケストラが音楽を演奏していることでも話題になった。

『Sky 星を継ぐ子どもたち』［対象年齢●7歳以上推奨］

アメリカのザットゲームカンパニー（Thatgamecompany）が開発し、中国の網易（NetEase）社が発売したソーシャルアドベンチャーゲーム。日本では2021年に任天堂から配信。

かつて繁栄していたものの、突如暗黒に陥ってしまった空の世界を舞台に、プレイヤーたちは「星の子」となり、他のプレイヤーと協力をしながら精霊たちと交流をしつつ、星座を空に戻していく。ゲームをクリアした後でも、シーズンごとにバーチャルイベントが開催され、世界中のプレイヤーと交流を続けられるなど、それまでのゲームにない「つながり」が生まれているという。

『#コンパス』［対象年齢●9歳以上推奨］

韓国のＩＴ企業の日本法人NH PlayArt（現NHN JAPAN）と、ニコニコ動画を運営する日本の企業ドワンゴによって共同開発されたスマートフォン向けのアプリ。現在はＰＣ版も人気。２０１６年12月、日本でサービス開始。プレイヤーは他のプレイヤーとチームを組み、オンラインで3対3で仲間とチャットをしながら対戦する。ゆえに、コミュニケーション能力も必要となる。ニコニコ動画で活躍しているボカロＰや絵師を複数起用したことで、キャラクターの選択肢の幅も広く、よりメディアミックス性を色濃くした。

『モンスターハンター』シリーズ〔対象年齢●15歳以上対象〕

カプコンが２００４年に発売したPlayStation 2（ＰＳ２）用のハンティングアクションゲーム。シリーズ59本（ハード別）、９２００万本を販売（２０２３年3月）する世界的な大ヒット作品。プレイヤーはハンターとなり、密林や孤島など雄大な自然を舞台に最大４人のオンライン上の仲間と協力して巨大モンスターを狩る。成功報酬や仕留めた獲物から得た素材を使ってより手強いモンスターと戦うことが目的なので終わりはない。毎年開催のゲーム音楽のオーケストラコンサート『狩猟音楽祭』や、ハリウッドでの実写映画化などゲーム以外の話題も豊富。２０２３年9月発売の『モンスターハンター Now』は現実世界が舞台のスマホ向けの位置情報ゲーム。街で出会った他のプレイヤーと遊べるのが特徴。

『ゼルダの伝説』シリーズ〔対象年齢●12歳以上対象〕

任天堂が開発・販売する一人プレイ専用のアドベンチャーロールプレイングゲーム。１９８６年の発売以来、多くのシリーズ作品を生み出している任天堂の看板タイトルの一つ。各シリーズ1話完結だが、基本的にはプレイヤーが主人公「リンク」となりゼルダ姫を救い、世界を救うために魔王を倒すことが目的。地上では剣を使ったアクションで、地下迷宮では謎解きをして前進する。美しいグラフィックを駆使した幻想的な舞台での戦いや、謎解きをすることで得られる達成感を、美しい音楽と共に楽しめる。海外でも高い人気を誇る。

『スーパーマリオブラザーズ』シリーズ［対象年齢●全年齢対象］

任天堂が開発・販売した1985年発売の横スクロール型のアクションゲームで、ファミコンブームなどの社会現象を巻き起こしたシリーズ。プレイヤーは「マリオ」などの個性的なキャラクターを操作して、次々に出現する敵や障害物を避けたり、踏みつぶすことで攻撃したりしながらゴールまで導くという誰にでも分かりやすい仕組みが世界中で支持を集めた。シリーズ化され多数の続編が発売されている。2020年現在、『スーパーマリオ』（シリーズ）の全シリーズの累計売上は全世界で5億6000万本以上、最も売れたゲームシリーズとしてギネス世界記録に認定された。

＊＊＊

これらのゲームのなかでも特に、お子さんが「『**マインクラフト**』が好き」と話しているようであれば、「この子は相当こだわりが強いな」と考えましょう。

このタイプの子どもは、同じ作業を長時間やり続けることを厭わなかったり、物をとことん集めたりするのが好きです。そして、物を収集することは大好きでも、その収集物について人と競うことはしません。競争心が希薄で人と対戦することに喜びを感じないのです。そんな彼らはアクションゲームのなかでは、同じことを地道に練習して技を習得する『**大乱闘スマッシュブラザーズ**』シリーズや『**スーパーマリオブラザーズ**』シリーズを好むようです。

また、同じ農耕民族型の子どものなかでも、アイドルに夢中になったり、アニメのキャラクターや声優をとことん追いかけたり、いわゆる「推し活系」の子は、推しのグッズを集めることが好きなので、ガチャを引いて自分の好きなキャラクターをコツコツ集めて楽しむ『**第五人格**（IdentityV／アイデンティティファイブ）』『**原神**』『**Sky 星を継ぐ子どもたち**』『**#コンパス**』に熱狂的になりますし、いろいろな武器を集めてモンスターを仕留めていくアクションゲームの『**モンスターハンター**』などにもハマります。

農耕民族型で特徴的なのは、ロールプレイングゲームの『**ゼルダの伝説**』『**モンスターハ**

ンター』『ダークソウル(DARK SOULS)』『アンダーテール(UNDERTARE)』などを好んで遊ぶ点です。これらのロールプレイングゲームには、「死にゲー」と言われるような、ゲーム中に何度もプレイヤーが死んでしまうものがあります。それは、何度も死ぬことによって攻略法を学ぶものです。ゲームの途中で死んでしまった後に、もう一度このゲームをしたいと思ったら、同じところで同じ行動を繰り返すことでプレイヤーが成長して、課題をクリアしていかないと先に進めないものもあり、それらは狩猟民族型の子が遊ぶにはとてもハードルが高いのです。

興味がコロコロ変わる狩猟民族型の子が好きなゲームタイトル例

『フォートナイト(FORTNITE)』〔対象年齢●15歳以上対象〕

2017年に公開されたアメリカのEpic Games社が開発・販売・配信する世界的人気のオンラインゲーム。キャラクターを自分の後ろにいる第三者からの視点で操作して、敵を銃で撃って倒していくサードパーソン・シューティングゲーム。複数のモードのうち一番メジャーな遊び方は最大100人のプレイヤーが戦い、最後の1人（ペアプレイや4人のチームプレイの場合は最後の1組）になるまで続ける「バトルロイヤル」。特徴は自分で集めた素材で建築物を作成し防御や攻撃に利用できるクラフトゲームの要素もあること。基本プレイは無料で日本の小中高校生に人気があるが、外見を変えるアイテムへの課金、プレイ中に発せられる暴言、夜中まで遊び続けるなどの弊害に困惑する親も多い。

『エーペックスレジェンズ（Apex Legends）』〔対象年齢●17歳以上対象〕

アメリカのRespawn Entertainmentが開発し、2019年にElectronic Arts Incより配信された基本プレイ無料のバトルロイヤルゲームで、現実と同じ目線（第一人称視点）で敵を銃で倒すファーストパーソン・シューティングゲーム。戦火を逃れた辺境の惑星群「アウトランズ」を舞台に、人気の競技「Apexゲーム」を行うという設定で、プレイヤーはそれぞれが独自の特殊能力を持つ「レジェンド」と呼ばれるキャラクターを選べる。合計60人が3人（トリオ）もしくは2人（デュオ）でチームを組みオンラインで対戦し、最後まで残った1チームが勝利となる。その他のモードも追加されているが、チームプレイ、ストーリーの他、選べるキャラクターが人気の理由だ。

『ヴァロラント(VALORANT)』［対象年齢●16歳以上推奨］

アメリカのゲーム開発会社Riot Games, Inc.が2020年にWindows向けに発売したファーストパーソン・シューティングゲーム(第一人称視点)。5人1組となって最大25ラウンドを戦う。メインは銃の撃ち合いだが、プレイヤーが選んだキャラクターが持つ魔法のような能力を使って対戦するため、それぞれのキャラクターの個性が戦略の幅を広げる。その魔法では敵の視界を奪う、煙をたく、自分が移動する、罠を仕掛けるなどを行って攻撃や防衛、時間稼ぎなどが可能で、その力で味方を助けることもできるため、チームプレイの醍醐《だいご》味《み》が味わえる。

『ピーユービージー　バトルグラウンズ(PUBG:BATTLEGROUNDS)』［対象年齢●17歳以上推奨］

韓国のPUBG Studiosが2017年にリリース。バトルロイヤルゲームの火付け役と言われたシューティングゲーム。2018年には全世界で4億人を超えるプレイヤーを獲得(公式発表)。プレイ中にプレイヤーの視点を一人称と三人称のどちらにも切り替えられる。100人のプレイヤーが無人島に降り立ち戦闘を開始、一定時間を過ぎると時間経過と共にフィールドが狭くなっていくが、その世界観は現実に無人島の戦場にいるようなリアル感が重視され、使用する武器も現実に存在するものが多数用意されており、プレイヤーのスキルや戦略性がダイレクトに勝利に影響する。

『コール オブ デューティ（Call of Duty）』シリーズ［対象年齢●17歳以上推奨］

アメリカのInfinity Wardが開発した第二次世界大戦を舞台にしたファーストパーソン・シューティングゲーム。２００３年に発売された第１作目の大ヒットにより２００５年に２作目が発売、そこから毎年１本、３社が交代でつくるペースでシリーズ化、２０２１年には「最も売れたファーストパーソン・シューティングゲームのシリーズ」としてギネス世界記録に認定。ソロプレイか、オンライン上で他のプレイヤーと競い合うか、協力してミッションをこなすかの３モードがある。ストーリー性が高いゲームで、ソロプレイであれば自身が戦場の兵士となり実際に行われた歴史的な戦争や、実際に現代で起きそうな対テロ作戦に挑むなど、リアルをとことん追求している。

＊＊＊

農耕民族型の子ならば、ちょっと触ってみたとしてもすぐに手放してしまうのが銃を撃ちまくる戦い系のゲーム（多数の対戦者が同時に戦うバトルロイヤル）ですが、それを疲れも見せずに永遠とやり続けるのが狩猟民族型の子どもたちです。

フィールドのなかで「自分」もしくは「自分のチーム」が生き残ることで勝敗が決まるだけでなく、どのくらいの敵を倒したのか？　どのくらいの時間を生き残ることができたのか？　などが評価されて、全プレイヤーのなかで自分のランキングがリアルタイムに決まることに興奮します。

狩猟民族型の子どもたちは基本、競争心が強くてプライドも高く、勝敗に強くこだわります。そのため、負け続けている間は悔しさをエネルギーにして、自分が勝つまではいくらでも頑張ることができます。勝利感を味わった瞬間にどっと疲れを感じるタイプで、いきなり何日も寝込んでしまう場合もあります。そして、勝ち負けのない世界にいくと、あまり面白さを感じず、すぐに飽きてしまうこともあります。

勝負師としての支配欲をくすぐるゲームを好むため、部屋にこもって一人、マイクに向かって、「それ違うだろう！」「おい、先に行くなよ！」「なんでそうするんだよ！」など、きつい言葉の数々を異常なテンションで、大声を発しながらゲームをやることもあります。

突然、攻撃的な言葉が部屋から聞こえてくるため、恐怖を覚える親御さんも多いです。

バトルロイヤル系のゲームだけでなく、狩猟民族型の子どもは最初はいろいろなものに手を出して、どれにもがっつりハマっていきますが、それぞれのゲームはちょっとずつルールが違ったり、視線の置き方が違ったりしますので、最終的には自分の嗜好に合ったゲームを選びます。

何事も自分が納得しないと進めない問題解決型の子が好きなゲームタイトル例

『あつまれ　どうぶつの森』〔対象年齢●全年齢対象〕

２０２０年発売のNintendo Switch用ソフト。２００１年発売のコミュニケーションゲーム『どうぶつの森』シリーズ最新作（7作目）。プレイヤーキャラクターが自然豊かな村で住人や動物たちと交流しながら、釣り、虫取り、果物の栽培や、家や服のカスタマイズなどをして、のんびりと暮らす体験ができるゲームですが、この最新作は村ではなく無人島が舞台。発売当時はコロナ禍だったため、人とのつながりを求める人々により世界的な大ヒットを記録した。２０２１年にはアメリカのストロング国立演劇博物館が世界ビデオゲームの殿堂入りを発表した他、国内でも数々の賞を受賞。売上本数は日本１０７１万本、世界４２２１万本(２０２3年3月末時点)。シリーズ発売当初からアニメ映画が公開されたが、最新作でも漫画雑誌での連載の他、多様なメディアミックスが行われた。

『ゼルダの伝説』シリーズ［対象年齢●12歳以上対象］

［１１3ページ参照］

『ポケットモンスター』シリーズ［対象年齢●全年齢対象］

ポケットモンスターシリーズは、日本の株式会社ゲームフリークが開発し、株式会社ポケモン(設立以前は任天堂)により1９９6年に発売されたロールプレイングゲーム。プレイヤーがポケモンのトレーナーになり、多種類の「ポケモン」と呼ばれる生物を捕獲したり育てたりしてポケモン図鑑を完成させること、そして他のプレイヤーのポケモンと対戦させてポケモンリーグを制覇することの二つがゲームの大きな目的。他のプレイヤーとポケモンの交換もできる。１０００種類以上のポケモンを集めるのは至難の業で、最新作では友人との協力プレイ中にしか進化できないポケモンが登場した。ポケットモンスターの象徴的な存在であるピカチュウは世界中の幅広い世代のファンに愛され、ポケモンはゲームだけでなく、アニメ、トレーディングカード、映画、グッズ、漫画などのあらゆるメディアで展開されている。

『カーバル・スペース・プログラム(Kerbal Space Program)』〔対象年齢●全年齢対象〕

メキシコのSquadが開発した宇宙開発シミュレーションゲーム。2023年にはアメリカのIntercept Gamesが開発した続編がリリースされた。プレイヤーが宇宙開発の責任者となり、「カーバル」と呼ばれる緑色の異星人と共に宇宙船をつくり、カーバルを乗せて打ち上げて惑星探索や宇宙ステーションの建設を手掛ける。宇宙船の設計や飛行に必要なのが細かく正確な物理シミュレーションで、何度も失敗を繰り返しながら自身が考えた宇宙探索を自由に楽しむ。シングルプレイ作品として発売されたが、続編の『**カーバル・スペース・プログラム2**』では他のプレイヤーと宇宙探索を楽しめるマルチプレイ機能が導入された。

基本的には農耕民族型の子どもと好みは同じなのですが、問題解決型のお子さんは、「パズルを解くようにしないと解けない」もしくは「パズルを解くような仕掛けがある」ゲームを比較的好みます。

＊＊＊

また、誰もがその名を知っている『**ポケットモンスター**』というゲームは多くのポケモンを集めて図鑑を完成させる楽しみと、捕まえたポケモンを「繁殖させて珍しいポケモンを自分でつくる」面白さを持ち合わせていますが、農耕民族型のお子さんは図鑑を完成させれば満足し、問題解決型のお子さんは「繁殖させて新種をつくり出す」ことに没頭することが多く、農耕民族型の子よりもさらに長時間このゲームをやり続けます。

最近のゲームでは『**ゼルダの伝説**』も同様で、問題解決型のお子さんはゲーム制作者が仕掛けたであろうすべての謎を解くまでずっとやり続けます。要は、ゲームの裏側にいるクリエイターたちの「意図」を読み取ることに快感を覚えるタイプです。こういう子は、陰謀論なども好きで、歴史に興味を持つことも多いです。『**三国志**』『**坂の上の雲**』などの本を与えれば、読書好きの子に育つかもしれません。また、サッカーゲームや野球ゲーム、最近ならば『ウマ娘 プリティーダービー』などの育成シミュレーションも延々とプレイしているはずです。

農耕民族型の子が戦闘系のゲームで遊んでいたら……

基本的に人と競うことは嫌いで、自己満足で完結するタイプの農耕民族型の子ですが、戦闘系のゲームをまったくやらないわけではありません。コツコツと粘り強く銃を撃っていったり、相手の攻撃を細かく細かく避けながら少しずつ進むことに快感を見出したりする子も多いです。

面談に来たお子さんが、「シューティングゲームをやっている」と教えてくれたときには、「そのゲームでは誰と遊んでいるのか?」「どういうシチュエーションでプレイしているのか?」の2点を訊ねます。

たとえば、「小さい頃からの友達4人とやっている」と答えが返ってきた場合には、この子は常に同じメンバーで戦場に出たいという思いがあることが分かります。チームワークを重視する農耕民族型の子は自分のポジションを決めて、その役割へのこだわりを持って練習をしています。そして、ゲーム本番では後方支援に徹してみんなに貢献する、そんなことに喜びを覚えてシューティングゲームをする子もいます。

たとえば面談で「『フォートナイト』をやっている」という答えが返ってきたら、「友達と一緒にやっているのか？　その友達はネットで出会った友達なのか、リアルの友達なのか？」を聞いていきます。

「リア友」だと答えた場合には、「この子は『フォートナイト』をやっていると答えたけれど、もしかしたら、こだわりが強い農耕民族型の傾向があるんじゃないかな」と考えます。さらに、中学に入ってから不登校になった子が、小学校のときからの「リア友」と一緒にゲームをしているということなら、「この子は狩猟民族型の子が好きなシューティングゲームをしているけれど新しい環境にうまく馴染めない、こだわりが強い傾向がある農耕民族型の子だ」といった分析ができます。

ですから、その子がシューティングゲームをやっていたからといっても、すぐに狩猟民族型とは決めつけずに、細かくシチュエーションを聞いていくことも必要ではあります。

狩猟民族型の子がコツコツ系のゲームで遊んでいたら……

農耕民族型の子が大好きな『**マインクラフト**』は実に内容の深いゲームで、自分がつくったワールドのなかに対戦相手を招いて戦闘ができます。そのため、狩猟民族型のお子さんが一時的にハマることはありますす。でも、わりと短期間で飽きてしまい、純粋なシューティングゲームに戻ることでしょう。お子さんが、『**マインクラフト**』をやっていることがあったら、すぐにタイプを判断する前に、しばらく様子をみておいたほうがよいようです。

いくつかのタイプのゲームを並行してやっている場合……

もちろん、三つのタイプのゲームを同時に楽しんでいる子も多いものです。その場合には、メインでやっているゲームは何なのか、お子さんに直接聞いてから判断してください。

いろいろな種類のゲームを並行してやるのはむしろ普通のことですので、数カ月やっていても途中で飽きてやめたものはその子に合っていなかったということです。他のゲームで遊ぶことがあっても、数カ月以上もメインでやり続けていたゲームならば、その子が好んで遊んでいるものだと判断できます。

たとえば『**エーペックス**』などは、最初は無料でプレイできるオンラインゲームですから、やめたければ今すぐやめてもリスクはないはずなのに、長期間やっていたなら狩猟民族型かなとあたりを付けられます。『**マインクラフト**』はプレイするために最初に数千円を支払わなくてはなりませんが、まあそれでもやりたくなければやめられますから、やはり長い期間遊び続けているならば農耕民族型と判断できます。

ゲームの好みから、その子に合った勉強法を見つける!

『まほろび』で私が行っていることは、**好みのゲームから見えてくる子どもたちの性格の特徴を生かした勉強方法の提案**と、その子のタイプに適した学習指導です。なかなかゲームを手放せない子が多いので、「勉強をしたら息抜きとしてゲームをさせる」ことも手段として行っています。

以下に、私の今までの経験を踏まえながら、タイプ別の勉強方法をお伝えします。家庭での学習の際にも参考になると思いますので、ぜひご活用ください。

農耕民族型の子の勉強法と対策

農耕民族型の子は基本的に真面目な性格のため、自分のなかに、明確なルールをつくりがちです。自分でつくったルールと、他者から与えられたルールが同じ方向性であると「心地よい」と感じます。そのため数学が得意な子が多いのです。難解な計算問題をどれだけ大量に出しても苦にしません。しかし、文章問題や応用問題を解くのはひどく嫌がります。文章を理解するのは国語の作業であって数学ではない！　と彼らは考えがちです。何より、決められたルールに則って問題が解けないのが苦痛なのです。

また、英単語を覚えるのは嫌いです。なぜなら、「僕は日本で生きるのだから、英語を話す必要がない＝英語を覚える意味がない」と考えるからです。辞書アプリを検索すればすぐ出てくるものをなぜ覚えなければならないのか理解できない、という子もいます（確かにそれは一理ありますが）。その一方で、ネットでの検索に必要なのが分かっているので、難読漢字の読み方などを覚えるのは得意です。

『まほろび』では、本人の性格を見ながらそれぞれに合った学習計画を立てています。農耕民族型のお子さんは「真面目にコツコツやるのが好きなタイプ」なので、本人が取り組みやすいことから始めてもらえば、比較的すんなりと学習に向かいます。

大切なのは、学習中に難解な問題が解けたお子さんが、「できた！」とポジティブになっているときに、その優越感をいかにタイミングよくくすぐるか、です。このタイプは、コレクター（知識を集めるのが好き）なだけでなく、それを「自慢」したいと密かに思っています。ですから、現時点でどのくらいの知識を「コレクト」したかを、見逃さず、その価値を認めて評価する必要があります。

私「さて、勉強しようか！」

子「えー！　まだゲームの途中だよ。終われないからもう少し待って！」

私「じゃあ、あと30分後に始めるぞ」

子「うー、分かった」

真面目でコツコツやるのが好きな分、このタイプは切り替えが苦手な子が多く、ゲームからすぐに勉強に入るのがとても大変です。そのため、一日のスケジュールを立てて壁に貼るなどして、ゲームと勉強の開始時刻、終了時刻、食事の時間などをルーティンで決めておくようにして、それを根気よく続けていきましょう。今日よりも、明日、明日よりも来週と、だんだんと切り替える力が身についていくはずです。

30分後……。

私「時間になっちゃった！　残念だけど勉強だよ！　さて、君の得意の計算からやるかな。どれどれ、えっとA君は何年生だっけ？　中学校3年生？」

子「えー、先生いい加減そのネタやめてよ！　中学校1年生だよ！」

私「だって、今やってるの中学校3年生の計算だぜ！　すごいな〜。よし、中学校3年生のこの因数分解、今日制覇するぞ！」
子「うん、分かった！」

こんな明るい調子に徹して、本人のテンションを上げていきます。

『まほろび』に通う子どもたちは、該当する学年よりも、勉強がかなり遅れています。私は入室してきた子たちに、まずは口頭でテスト（分数ができるか、四則計算はどうか、など）を行い、（年齢に関係なく）何年生のテキストから勉強をしてもらうかを決めます。そして、まずは簡単な問題だけを選んでどんどんやらせて先に進ませます。とにかく、自分が学校を不在にしていた間、他の子たちがどんなことを教わっていたのかを経験させるためです。

自分が不登校を続けている間に、みんなはとてつもなく難しいことをやっていて、自分はもう、到底追いつけないだろう――多くの子が、休めば休むほど学校に行きづらくなるのは、こうした壁を想像しているからです。

しかし、分かるところから解いていき、テキストをどんどん先に進めていけたら、同級生に追いついたという手応えを、それほど長い時間をかけずに感じることができるのです。
やり方次第では、いつの間にか実学年よりも先に進んでいきます。そうしたときに、「あなたは他の子より多くの知識をコレクトしているよ！」ということを要所要所で伝えていく。これが農耕民族型のお子さんの勉強法のポイントです。

子「この問題、解けたよ！」
私「ウソー！　なーんも教えてないのに解けるわけないでしょう？」
子「解けたから見てよ！」
私「あれ？　本当にできてる！　すごいな！　なんでできたの？」
子「だってここに解説書いてあるじゃん。読めば分かるよ、こんなの！」

農耕民族型の子は、コツコツと何かを研究するのが好きなタイプなので、勉強も、手取り足取り教える必要はありません。自己でやり方を考え、解決できたことを評価されるほうが嬉しいので、このような褒め方が有効です。
コツコツと資材を集めて根気よく自分のワールドをつくっていく『**マインクラフト**』の

ようなゲームが好きな農耕民族型の子どもたちは、昔でいえば、積み木やレゴブロックにハマっていたような子どもなので、やり始めたら時間を忘れてやり続けてしまいます。それは誰にでもできることではありませんし、私はものすごい才能だと思っています。

常に勝負を続けている戦闘系ゲームが好きな狩猟民族型の子どもとは対称的に、農耕民族型のコツコツ系の子やコレクター系の子は基本的に競うのを好みませんし、自己満足していれば十分幸せです。それでもどこかで、「誰も知らないこんなことを僕は知っている」とか、「私が一生懸命応援したからあの子の人気が出た」などと話してくれることもあります。そういう意味では農耕民族型の子たちも承認欲求が満たされる手段を欲しています。

一方で、何かに執着すると周りが見えなくなる、「過集中」なところがあります。それは一つの才能でもありますが、その分、疲れやすいのです。ですから、勉強時間も、支援者がやり過ぎないように見守る必要があります。

また、自分の考え方に凝り固まる可能性もあり、他の人の意見に聞く耳を持たないこともあるので、周囲の人の話を聞く大切さを教えていきましょう。

このタイプで不登校になっている子どもたちは、時間はかかりますが、褒め方と見守り方を工夫することで、回復へと向かっていきます。

狩猟民族型の子の勉強法と対策

自分のランキングが上がることに対して喜びを感じる狩猟民族型のお子さんは、『**フォートナイト**』『**エーペックス**』『**ヴァロラント**』といったゲームのなかでも、特に個人のランキングを競うモードでよく遊びます。自分が遊びたいときに、偶然オンライン上にいた見知らぬゲームユーザーと戦うものです。カラオケのランキングシステムと同様、そこでのランキングが上がっていくと承認欲求が満たされます。上位になれば、自分が天下を取りに行けるような錯覚を起こせますから、さらにハマります。

狩猟民族型の子どものなかには、ゲーム用語で「野良」と表現されている遊び方を好む子がいます。単身でゲームのステージに入って、そのときに集まっていたオンライン上のメンバーからランダムにチーム編成が行われ、対戦相手も自動的に決まるモードでプレイする遊び方です。

毎回同じメンバーとチームを組んで遊ぶのとは違って、相手のテクニックやレベルに変化があるので、その都度かなりの緊張感が味わえます。そういう遊び方が好きな子は、とにかく勝ち上がることに快感を覚えるタイプが多いです。極めて激しい戦闘や強烈な刺激をゲームに求めるため、短時間でいろいろなものに興味が移りがちです。

このタイプの子は、プライドがとても高いのが特徴です。

プライドが高い分、心の奥底では自分が家に引きこもってゲームばかりやっている現状は、「本当の自分ではない。今の自分は、仮の姿である」という気持ちもあります。将来に対する不安も強く、高校に行くならば全日制の普通高校に行きたいと話す子も多いのです。そのプライドをうまくポジティブな方向に持っていってあげれば、きちんと受験に向き合うようになります。

一方、持続力がない子が多いのもこのタイプ。ゲームにおいて、常に新しい敵を探すように、勉強においても、常に新しい目標に取り組んでいけるような学習方法が必要になります。

私「ではB君、そろそろ勉強を始めましょう」

子「えー、やだ」

私「はい、勉強を始める時間ですよ！」

子「えー、面倒くさいから、やだ」

私「だけど、勉強を始める時間なんです。タイマーをかけるので25分だけやりましょう。時間がきたら勉強をやめていいですよ。問題が解けなくても、やめていいです」

気持ちの切り替えは早い狩猟民族型ですが、長時間同じことをやるのが苦手。そのため、「勉強を始める＝長時間同じ作業を続ける＝やりたくない」と考えてしまいます。ですから、このタイプには、勉強時間を短く区切ってあげることが必要となります。

「ポモドーロ・テクニック」という言葉を聞いたことがあるでしょうか？　1987年にイタリアの起業家によって発案された、時間管理のテクニックです。「ポモドーロ」は、イタリア語で「トマト」のこと。発案者が使用していたトマト形のキッチンタイマーに由来してこの言葉がつくられました。

仕事や勉強の効率性を考えて、一つのタスクを「25分」に設定し、25分作業をしたら5分休憩を挟むという方法です。

人間の集中力の限度や効率性を考慮して、25分を集中して取り組む時間として設定し、「25分→5分休憩」を1サイクルとしています。

このサイクルを4回繰り返した後30分ほどの長い休憩を取るというのが提唱されている考え方です。25分間は、おやつも食べないようにしましょう。

ポモドーロ・テクニック

- 今日達成するべき「勉強」を事前にメモやノートに書く。
- タイマーを25分にセット。必ずこの25分間は集中すること。
- もし集中している間に、他にやるべきことや、新しいアイデアを思いついたときは、メモに書いて後でやることとする。
- 25分終了したら、5分休憩。

以上を4回繰り返したら、30分の長い休憩を取る。

もし4回続かなければ、もちろん2回でも3回でも十分です。スマホのタイマー機能を使用しても構いませんが、子どもが喜びそうなかわいいデザインのキッチンタイマーを一緒に探して買うのもいいでしょう。

子「先生〜、分かんない」

私「はい。どこが分からないの?」

子「これが分かんない」

私「これはね、さっきやったあの問題の応用問題だよ。さっきの問題ができてたんだから、こっちも解けるはずだよ」

子「あっ、バレた(笑)」

私「時間稼ぎかい?」

子「そんなことないよ〜、でもちょっと疲れちゃった」

私「うん?　今日の授業は延長かな」

子「いやだ、無理、無理」

飽きてくると、こんなやり取りも出てきます。でも、持続力の育っていない子には、このワンクッションが非常に大切です。切り替えることは得意なので、こんなやり取りをすればまた勉強に戻れるはずです。

子「できたできたできた！　先生早く見て！」
私「分かった分かった。今から見るよ」
子「マルつけといて！　僕はその間、ゲームで忙しいから」
私「分かった分かった」

そしてゲームから戻ってきて……。

子「先生、僕の答え、合ってた？」
私「うん、よくできていたけど、全問正解ではなかったね」

子「え？　どこ間違ってた？　そんなはずないけど！」
私「ここここが違っているよ。惜しかったね」
子「それ、答えが間違ってるんだよ！　俺は天才だから間違えないんだ」

そんなことを言いながら回答の見直しをするB君。
私に気づかれないように、素早く間違っていたところを消しゴムで消して正解を書き、

子「先生～　本当にしっかりしてくださいよ！　合ってますよ！」
私「あれ？　ほんとだ　ごめんごめん」
子「まったく～」

……プライドが高い子には、時にはこんなフォローも必要です。
彼らを学校に戻すためには、「つまらなくても我慢して机に向かって勉強をする」という気持ちを持たせる訓練をしておくと、学校にも戻りやすくなります。そのための長期計

画を立てて、じっくり進めていきましょう。

問題解決型の子の勉強法と対策

問題解決型の子どもが、日頃一番優先していることは、「自分が納得する」ことです。分かるまで何度も説明を求めることもあります。他の子どもに比べ、ＳＮＳや友人の言葉に影響されにくいというのは、今の時代、長所でもあります。このタイプの子には、勉強をさせる前に気をつけるべきタイミングがあります。

学習のプランを立てるとき
学習のやり方を考えるとき

いずれにおいてもこちらが方針を決めるのではなく、本人と徹底的に意見交換をする必要があります。闇雲に勧めるのではなく、なぜ、このプランがいいのかを理論的に話しましょう。彼らが納得しスッキリするまで話し合います。

たとえば数学の問題を教えるときに、ただ単純に「これは公式に当てはめれば解けるよ。だから公式だけ覚えておけばいいんだ」と指導しても、自分が納得できていない段階では、「分かりました」とは言いません。

公式を覚えても、「なぜ、そうなるのか?」を問題と向き合って追求していきます。短気な親御さんは、「もうその問題はいいから次に進もう!」と言いたくなるでしょうが、それは逆効果。納得するまで時間をかけることが、素晴らしい長所であることを、親御さんが理解してあげてください。

私「お、勉強を始めているな。ああ、この問題は教科書に公式が出ているよ」
子「知っているよ」
私「それならもう余裕で解けるよね?」
子「でもなんで、円の面積は半径×半径×3・14なの? 円周の長さは直径×3・14だし。なんで?」
私「それを言うなら、円周率がなんで3・14も疑問でしょ?」

子「円周率の謎は、さっきネットで調べたからもう分かった。先生知ってる？
今は、50兆桁まで円周率が分かっているんだよ！　すごいよね。でも、なんで、
円の面積はこの公式になるのかは分からないんだ……」

こうなってしまえば、公式を教えてさっさと問題を解くように言ったところで、まったく子どものためにはならないでしょう。それは、彼らの探求心を奪うことにもなりかねません。そこはもう好きにやらせておいて、「やっぱり分かんない！」と本人が言い出すまで待つ必要があります。指導者ができることは、解き方をいくつも用意しておくくらいでしょうか。Aという解き方では納得できない場合は、Bという解き方を示してあげるというように、いろいろな角度から教えることでこのタイプの子どもは伸びます。

勉強だけではありません、将来の選択肢についても、子ども主体で考えてもらうことが大切です。「その職業は不安定だからやめたほうがいいよ」とか、「あなたは公務員のほうが向いているよ」など、大人のモノサシで将来の道を指し示すことは、このタイプにはご法度です。

大切なのは、勉強への動機づけ

ここまで、農耕民族型、狩猟民族型、問題解決型とタイプ別に勉強法と対策をご紹介してきました。

不登校の子どもに勉強させるための動機づけを行うときには農耕民族型が持つ自己満足の世界を刺激するのか、狩猟民族型が持つプライドの高さをくすぐるのか、問題解決型の持つ自分のなかでの納得感を後押しするのかを見極めなくてはならないのです。

しかし、どのタイプの子であっても、学校に通っている子どもたちに追いつきたいし、追い越したいと願っています。**不登校になっているからといって、自分の人生に悲観的になっているわけではありません。**「どうやったらゲームを攻略できるか」を考えるのと同じくらい、「どうやったら再び学校に通えるようになるか」を考えてもいるはずです。もし、もう自分の学校生活はゲームオーバーだ！　といったような悲観的な様子が見えるとしたら、それは親が悲観的になっているのを受けて、そうなっているのです。親が我が子の将来を諦めてしまえば、子どもも自分の将来はもう希望がないのかなとさらに不安になるものです。

ゲームやアイドルやアニメなど、自分が情熱を傾け、夢中になれることを持てたという事実は、向上心があるという証左でもあります。

勉強が大切な理由

先にも述べたように、『まほろび』には、高校の進学先に悩まれている親御さんと中学生のお子さんが進路相談にやってきます。そして、私の前でお子さんがする発言に驚かれる親御さんも多くいます。「そんなふうに考えていたの⁉」と。以下の会話も実際にあったものですが、不登校の子どもたちの心情をよく表していると思っています。

私「高校にはいくつか種類があるんだ。全日制、定時制（単位制）、通信制とあるんだけど、偏差値のことはまず置いておいて、あなたはどこに行きたいと思う？」

子「全日制か、定時制かな」

ここで、**通信制高校を選ぶ子はゼロです。**まずこの発言に驚く親御さんもいます。引きこもっているのだから、当然、通信制を選ぶのだろうと親が勝手に思っているのです。しかし、子どものほうはそんな親の表情を横目で意識しつつ、少し考えてから話し始めます。

子「やっぱ全日制はちょっとかったるいかな?」
私「なんでかったるいのかな?」
子「だって、校則が厳しそうじゃん。定時制だったら登校時間を自分で選べるんでしょ」
私「確かにそうだけど、定時制も1日に4時間から6時間は学校で勉強するんだよ」
子「でも、全日制より自由そうだし、いいんじゃないかな」
私「でも、通信ならほぼ家で勉強していても卒業できるんだよ。あとは、ちょっとスクーリング行くだけだし」

私は、机の上に学校案内をいくつか広げてお話をします。通信制高校のパンフレットをあえて差し出して、「ここはずっと家にいて大丈夫なんだよ」と説明をするのですが、子どもたちの目線は通信制には向きません。本音では、全日制に行きたいと思っているのです。相談に来た子の全員が全員、同じ反応です。

進路相談に乗っていくうち、不登校の子どもたちは必ずこう言います。

「別に私は、不登校じゃないから。
いじめられているわけじゃないし、これから行くつもりだから！」

ここで親御さんはビックリしてしまうのです。しかし私は、驚きません。「そうだよね」とお子さんに同意します。

不登校の子たちは、「不登校」という烙印を他者から捺されたくないのです。その気持ちはよく分かります。

「確かに今は学校に通えていない状況だけど、本当の不登校ではない」
「学校は自分から行かないと決めた。行けない、のではなく、行かないだけ」
「今は行っていないけど、心の準備ができたら行くつもり」
「学校に行けば、普通の子以上に勉強もできるから、焦っていない」

……今、ちょっと自分は間違えちゃっただけなのだ、と考えています。

私「都立高校には、チャレンジスクールという不登校の子が行きやすいようになっている専用の学校もあるんだよ。ちゃんと登校できるようなサポートもあるから」

【**チャレンジスクール**●受験に際し、学力検査や中学校からの調査書は必要なく、生徒の学習や学校生活への意欲を重視した入試を行う。小中学校時代に不登校を経験した生徒や、長期欠席等が原因で高校を中途退学した者を主に受け入れる総合学科・三部制［午前部・午後部・夜間部］の高校。自身が所属する部だけでなく他の部を履修することで3年での卒業が可能になる。】

子（首を横に振って）「そこは受けません。私、不登校じゃないので」
私「でも、君、受験の準備をしてないよね？」
子「いえ、これからしますから」
私「じゃあ全日制にするのね」
子「うーん、でも、やっぱりそれはちょっと……」

進学相談ではだいたいこういう流れになります。

都立の定時制高校では、倍率の高い人気校も出てきました。定時制とは言いますが、昔のような昼と夜の二部制ではなく、今は、午前・午後・夜間の三部制（朝から夜までの四部制のところもあり）で、単位制・無学年制を採用しています。1クラス30人という少人数制できめ細かい指導を行い、通信制課程を併設していたり、デザイン、ビジネス、ファッション等の職業に直結する科目を自分で選択して学べる特色もあったり、応募倍率が1・5～2倍になる学校もあります。

定時制に通っている生徒はたいてい、小中学校時代に不登校を経験しています。でも彼らの多くは、先のように、「自分は不登校じゃない」と信じ、それを証明するかのように定時制高校受験にチャレンジします。とても素晴らしいチャレンジです。定時制高校は、不登校経験者であっても、試験さえクリアできれば問題なく入学できます。ですから、合格すれば、生まれ変わったように毎日登校できるようになる子がほとんどです。

この成功体験は、一生モノです。

ですから親御さんは、**「うちの子はもう通信制しか行けない」など決めつけることも、諦めることもしてはなりません。**

不登校から抜け出す方法は、その子に適切な勉強法を見つけてあげて、ゲームのように勉強を習慣化させてあげて、自己肯定感を上げること。そうすることで、いくらでも高校生から生まれ変われます。

第5章

不登校は治すもの

なんのための義務教育か？

最近、「学校以外にも学びの場が必要」という意見をネットや新聞などで耳にしたことはありませんか。その言わんとするところは、十分に分かってはいるのですが、**30年以上前から不登校の子どもたちを見てきた私としては、「不登校は治すもの」だと考えています。**

ここではあえて、厳しいことを言わせてください。

義務教育期間中に保護者が子どもを学校に通わせなければならないことは、国民の義務として法律で定められています。

以下、文部科学省のホームページより抜粋しましょう。

我が国の義務教育制度の構造（中等教育学校及び盲・聾・養護学校関係を除く）

すべて国民は、法律の定めるところにより、その保護する子女に普通教育を受けさせる義務を負う。義務教育は、これを無償とする。……憲法第26条第2項

2●就学義務と年限・年齢

9年間の普通教育の就学義務……教育基本法第4条

保護者は、子女を満6才から満12才まで小学校に、その修了後満15才まで中学校に就学させる義務を負う。……学校教育法第22条、第39条

3●義務教育諸学校の種類と修業年限

小学校は6年、中学校は3年……学校教育法第19条、第37条

4●義務教育諸学校の設置義務

市町村は、必要な小学校、中学校を設置しなければならない。……学校教育法第29条、第40条

5●義務教育の無償

国、地方公共団体の設置する学校における義務教育については、授業料を徴収しない。……教育基本法第4条、学校教育法第6条

これに対して国は、必要な援助を行う。……義務教育費国庫負担法、市町村立学校職員給与負担法等

ここに謳っているように、国公立の小中学校の授業料は無料です。お金の話になってしまうのが大変心苦しいのですが、不登校になっていたり、障害を持っていたりする子どもたちは、他の子どもたちよりも公費がかかっているのをご存じでしょうか。

通常の学級運営は生徒35~40人に対して担任の先生が1人です。

しかし、子どもが不登校になると担任の先生以外にもスクールカウンセラーやソーシャルワーカーが対応します。教育相談や子どもの学習サポートなどで自治体の教育センターも用意されます。それは福祉の世界も同じで、特別支援学級では教員1人が担当する生徒数は8人と少人数になり、そのなかに障害が重い子がいれば、専任の担当がつきます。つ

まりそれだけ支援が手厚くなっています。

私はここで、「迷惑な存在だ」と言いたいわけではもちろんありません。なぜ、「不登校の子どもには他の子どもよりも多く税金が使われている」のでしょうか？

その理由は、国が「**お金をかけてでも不登校の子どもたちに学校に戻ってもらいたい**」からですし、「学校は子どもにとって必要な場所」だと定義づけているからです。もっと言えば、その子たちが成人し、やがて社会に出て労働ができるようになるほうが、国にとってもメリットが大きいからです。

それなのに、昨今、「不登校は特別なことではない」とか、「無理して学校に通う必要はない」と不登校を容認するメッセージを国が出しているのはなぜでしょうか？

それは、親と学校の責任を回避するため、としか、私には思えないのです。親に対しては「**不登校になったのは親の育て方のせいじゃない**」とし、学校の責任については「**不登校は学校の指導が悪かったからではない**」とする。そういうメッセージを出せば親は安心しますし、学校への抗議も減ります。どちらか一方だけを擁護すれば、親がもっと学校を責めるでしょうし、逆もまたしかりですから、両者の責任回避とも取れるメッセージを出しているのです。このように、不登校を容認するメッセージは、周囲の傷を深くしないためだけのもので、**「学校は行かせるべきところ」であることは今も昔も変わっていません。**

東京都は令和5年度から小中学校の不登校の子どものうち、フリースクールや民間団体、民間施設などに通う児童の親に対して、不登校児への支援のニーズやフリースクール等での活動内容などを把握するための調査研究に協力することを条件に、調査費という名目で1カ月に2万円を支給することにしました。

でも、この子たちはフリースクールに通いながら、公立の学校にも在籍しているため、先生1人につき、生徒〇人という公立の学校の規定のなかの1人に数えられています。今回のこの調査では、フリースクールに籍を置いていることでお金が配られるわけですが、学校に通ってくれれば2万円を出す必要はないわけで、フリースクールに通う子どもには義務教育でかかる分以外のコストが上乗せされています。

公立校をやめてフリースクールにだけ在籍するというのであれば、公立校に通う際にかかっていたであろうコストを、補助として出せば理屈にも合います。もし、文部科学省や自治体が子どもたちに対して**「学校に来ないでよい（学校以外のところで学ぶのでもよい）」とするのであれば、学校に通わなくても、スムーズに社会に出られるシステムをつくらなければいけません。**つまり、今の国の対応は、その場しのぎの責任回避でしかなく、まったく子どもの将来を考えてはいないのです。

「学校なんて行かなくてよい」で、親子で引きこもりに!?

我が子が不登校になってしまえば、いくら文部科学省から「不登校は特別なことではない」と言われても、その違和感はそうそう拭い去ることができないのではないでしょうか。

「学校に行かなかったとして、その先はどうしたらいいの？」

という疑問には誰も答えてはくれません。子どもが学校に行けなくて、遂には親子で家

に引きこもっているという状況は何も変わってはくれないのです。そこは文部科学省に対して、

「学校に行かないでいいと言ってしまうことは、少しおかしくないですか」

という問いはあって然るべきです。その問いがなければ不登校のお子さんも、その親御さんも救い出すことができません。取り残される親子が増えるばかりです。

学校が辛くて身体になんらかの症状が出ているのであれば、然るべき医療機関を受診して、お休みさせるべきです。いじめがあった場合も、まずはいじめの問題が解決されるまで、学校と話し合いを続けながら、お休みさせるべきでしょう。

しかし、明確な体調の変化も、いじめも見当たらなかった場合、親のほうから率先して、

「勉強なら家でもできるから、学校に行きたくなければ行かなくてもいいよ」

と子どもに提案してしまうのは、いかがなものでしょうか。勉強以外でも、学校に通わ

なければ学べないことは、たくさんあります。

家のなかで一人、オンラインで学習をしている子と、教室で友達と席を並べて先生の説明を聞いて学習している子とで、学ぶ内容に違いはないだろう、と考える親もいますが、それは間違いです。

いじめはなくすべきです。しかし、人間関係のしんどさ、というのは生きている限り一生ついて回るものです。人間が感じるストレスというのは、その99%が人間関係によるものだと言われています。だからこそ、そのストレスの耐性を小中学生の時期にある程度つけておくこと、どういう立ち振る舞いをすれば友人たちとスムーズな関係が築けるのかを、学校という空間で実地で学ばなければ、社会人になったときにさらに大変な思いをすることでしょう。

最近は小学校入学後すぐに、不登校になる子も増えてきています。

しかし、そこで慌ててはいけません。自分が子どものときに、どういう過程を経て気持ちの整理ができるようになったかを振り返ってみてください。小学校低学年は、まだ幼稚園の延長戦のような部分があり、ガキ大将のようにやりたい放題やっている子も、教室の端っこでうずくまっている子もいます。しかし学年が上がるにつれ、みんなしっかり周りと調和できるようになっていきます。それは学校生活のなかで本音と建前を学んだからです。

学校で嫌なことがあり、子どもが「**もう学校に行きたくない！**」と言い出したとき、「**嫌なことを解消するための方法を伝える**」のか、それとも「**嫌なことがあるなら学校に行かなくていいと言ってしまう**」のか——そこに**大きな岐路があります。**

本音と本音がぶつかり合えば居心地が悪いのは当たり前。時には衝突もあるでしょう。いじめは序列をつくるもので、喧嘩は意見の対立です。それをすべて「いじめ」とカテゴライズしてしまうのは、まだ早いのです。学校を休んだところで、何も解決には至らない。ならば、居心地よく学校生活を送るために、どうすればよいのかを先生と保護者がまずは一緒に考えていけば、何を子どもたちに授ければいいのかが分かり、何よりいじめを防止することにもつながります。

学校は行くもので、行かせるもの。

その根本にあるのは、「学校は社会で生きていくための人と人との関わり合いを身につける場所である」という考え方です。文部科学省は「学校に行く意義」をもっと分かりやすく子どもたち、いや、保護者らにも示す必要があります。学習内容は年度初めに各家庭にプリントが配られても、学校で学べる社会性については保護者に対して見える化されていません。

たとえば、小学校低学年なら、「落ち着いて座る」「共同作業をする」「隣の人と会話をする」といったような目標があるはずですから、「この時期に必要な社会性を身につけさせるために、学校ではこういう内容の指導をします」と分かりやすく示すことができれば誰もが納得できますし、保護者も学校に行かせる意義を感じられるようになります。

「嫌なことがあったら休んでいい」と言ってしまう先生は、教師としての基本的な探求を避けて、学校内で問題が生じないように、つまり我が身の保身のための対応をしていると考えていいでしょう。「嫌なことがある場所なら行かなくてもいい」と教えられた子どもたちは当然、学校には行かなくなります。

嫌なことに立ち向かったことのない子どもたちを、好きなだけ休ませたらどうなるか――その答えが不登校児の激増につながっています。

文部科学省は「学校が嫌なら来なくてもいい」と言うのではなく、**「学校は社会性を学ぶところだから、少しくらい嫌なことがあっても、それに立ち向かうための努力をすることは生きていくために必要なことです」**と言っていくべきです。

不登校と発達障害の検査とは

我が国に「発達障害支援法」が成立したのは、2004年のこと。

それまでの日本では、発達障害のある人への支援法はもとより、その明確な定義もありませんでした。そのため、学校や職場にうまく馴染めず、困難な状況を抱えていてもまったくサポートを受けられない人たちが大勢いました。2016年には法改正され、全国の自治体に発達障害支援センターの設置と運営が義務づけられています。

同法の第二条では、「発達障害」を以下のように定義しています。

「発達障害」とは、自閉症、アスペルガー症候群その他の広汎性発達障害、学習障害、注意欠陥多動性障害その他これに類する脳機能の障害であってその症状が通常低年齢において発現するものとして政令で定めるものをいう。

このなかで「その他」とされている障害・疾患については、吃音《きつおん》や、トゥレット症候群（運動性チックと音声チックが1年以上続く症状）、選択性緘黙《かんもく》（「場面緘黙」とも呼ばれる、特定の場面で発話ができなくなる症状）が含まれるとされています。

この法律に則り、文部科学省は全国の小中学生にどれくらい発達障害の可能性の子がいるのかを定期的に調査するようになりました。

最近の調査は２０２２年で、小中学生のうち発達障害の可能性があり、特別な支援が必要な子が通常学級に８・８％、つまり11人に１人程度在籍しているという調査結果になっています。調査方法などは一部変更されてはいますが、前回、11年前の調査では６・５％でした。

増加した理由には、ただ単に、発達障害の検査を10年前よりも多くの子が受けているという背景があると考えます。

私は発達障害の子どものための施設「放課後等デイサービス」を運営しているので知っていますが、10年ほど前までは、発達障害の検査を受けるのは、授業についていけない、すぐに癇癪を起こす、席に座っていられないなど、明らかに発達に凸凹がある子どもだけでした。

ところが、**発達障害という言葉がインターネットやメディアなどで盛んに使われるようになってから、状況は一変しました。**子どもが不登校になってしまい、学校はもとよりさまざまな機関のカウンセラーが対応したけれど、はっきりとした原因が分からなかった場合には、すぐに小児精神科の受診や発達障害の検査を勧められるようになったのです。カウンセラーだけでは分からないので医療機関で検査をしましょう、ということです。この前代未聞の流行に乗っかって、小児科のある医療機関では、思春期外来、発達障害外来を開設し、特にコロナ禍以降は、どこも大変混んでいるようです。

発達障害かどうかをチェックするものの一つに、世界中で使われている「ＷＩＳＣ（ウィスク）-Ⅳ」という知能検査があります。適応年齢は5歳から16歳11カ月までで、幼児の場合は、「ＷＰＰＳＩ（ウィプシ）-Ⅲ」、成人の場合は、「ＷＡＩＳ（ウェイス）-Ⅳ」といいます。

検査項目は次の四つで、言語理解、知覚推理、ワーキングメモリー、処理速度というものです。知能検査ではあるものの、これはＩＱを知るための検査ではなく、その子の個性を理解して、今後の教育方針に役立てていくことが目的とされています。

●**言語理解**（ＶＣＩ）を測るための検査は、分かりやすく言えば連想ゲームです。たとえば「『キリンの首』、『ねずみのしっぽ』、『象の鼻』で、何を連想しますか」と問われて、「長い」と答えると5点、「動物」と答えると0点です（私は2点くらいあげてもよいと思いますが……）。ここではある一定の基準の連想をするかどうかをテストします。その言葉を聞いて何を連想するのか、正しく連想しているのかを測ります。

●**知覚推理**（ＰＲＩ）では、目で見たものを正しく記憶しているかをテストします。例題としてある記号が示されるので、それと同じ形のものを、規則正しく並んでいる多くの記号のなかから選び出します。つまり目で入った記憶を一時的にストックしておいて、同じものを正しく選べるか、そのスピードと正確さを測ります。

●**ワーキングメモリー（WMI）**では、耳で聞いたものを記憶しているかどうかをテストします。検査員が言葉や文章を話したり、数字をランダムに言ったりした後、それらを覚えられたところまで回答していきます。どのくらいの量の記憶ができているのかを測るテストです。

●**処理速度（PSI）**では、計算問題が大量に出題されます。どのくらいの速さで回答できるのかを測ります。

「WISC（ウィスク）-Ⅳ」の他には、国内独自の「田中ビネー心理検査」や、「新版K式発達検査」などがありますが、それらの検査が基準にするのは、各項目のスコアがすべて同程度のレベルになっているかどうかです。

各項目が同じレベルに集まっている場合には、「発達の凸凹がない」ということで発達障害との診断はできませんが、たとえば知覚推理のスコアが高くてワーキングメモリーが低いとなると、能力に差があるので発達障害の「疑い」があるということになります。

その優位差は10です。一つのスコアが90で、もう一つが80ならば発達障害の疑いがあるといわれます。しかし、**それはあくまでも「疑い」であって、発達障害の診断がされるわけではありません。**

私が検査を受けてみて分かったこと

発達障害の児童生徒のための療育の現場でよく見るのが、この検査の結果です。この結果をきちっと理解するためには、自身が検査を受けてみたり、実施する側になってみたりする経験が大切です。そのため、私自身も検査を受けましたし、実施する側になる経験もしました。実施するといっても、検査にはマニュアルもあり、質問の仕方にも指示があるので、それに従って知り合いを相手に数回練習をすればできます（心理士さんはそういう訓練を繰り返し行っています）。

他人に検査をしてみると、特徴のある質問の意味や質問の仕方の大切さ、速さを測る意味など、その検査で、どの脳の部分を探ろうとしているのかが分かります。

また、検査結果をみると、検査をしてあげる人と、検査を受ける人の両方の忍耐力が複雑に関係することが分かるので、結果の波形や数字だけに一喜一憂してはいけないということも学びました。つまり、検査を行う側が、検査を受けている本人の検査中の反応をしっかり観察しているのか、それともただ波形だけを出そうとしているのか、その姿勢の違いで検査結果がまったく異なるのです（ある自治体の教育センターでは波形だけしか出していないのには驚きました）。

私は、検査をする側、される側の両方の立場を知ったことで、検査結果は波形ではなく所見欄をじっくり読み込むようになりました。

検査結果で大事なのは、検査中に本人がどんな様子でいたかを事細かに記載した「所見」です。「飽きたようです」と書いてあれば、「この波形になったのは、脳のこの部分を使うのが苦手だったんだな」とか、「あくびを8回していました」とあれば「この作業をするときに脳をたくさん使っているようだから、この子はとても真面目で物事を慎重に進めていくタイプかな？」などと想像ができます。

「凸凹がありますから発達障害の可能性があります」などの大雑把で丁寧でない説明をするところは、教育センターだろうが医療機関だろうが、私は信用しません。検査結果の所見欄が埋まっているかどうかで、信頼できる検査機関かどうかが分かりますので参考にしてください。

検査を受ける必要のある子と、ない子はどう区別する？

先に紹介した、「放課後等デイサービス」に通ってきている小学校4年生の女の子は、学校には通えているのですが、長い時間教室にいるのが苦痛で、何度も教室を飛び出していました。困ったお母さんがその子と一緒に相談に来られました。

私「どうして飛び出したの？」

子「教室の窓の光が眩しかったの」

私「そうなんだ。教室の蛍光灯はどう？」

子「それは我慢できるんだけど、天気がいい日は給食が終わってからの授業のときはいつもすっごく眩しくて、苦しくなっちゃって」

医療的な検査と発達障害の検査の結果、この子は一般的な蛍光灯の光でさえも眩しく感じていたことが分かりました。

障害の検査というのは本来、子どもがここまで追いつめられて辛さを訴えてきたときに初めて、「もしかしたら発達に課題があるのかもしれない」と考えて受けさせるものです。発達障害の検査であれば、「WISK-Ⅳ」などの知能検査以外にも心理検査や脳波検査なども行い、明らかに発達に凸凹があるときに「発達障害」という言葉が使われます。

ところが、先述したように2005年に早期発見・早期治療を自治体に課した、「発達障害支援法」が施行されてからは発達障害の検査が簡単に行われるようになりました。その検査で分かるのは**その子は何が得意で、何が不得意かということです**。簡単に言えば、その人が右利きなのか左利きなのかの違いのようなもので、検査の目的は学校でのサポートをしやすくするために、その子の得意不得意を分かりやすくすることです。

たとえば、目で見て覚えることが得意な子なら、見ることを優先して耳は補助的にしか使いませんから、授業中でも先生の話は聞きませんし、耳で聞くほうが楽な子は耳で一生懸命に聞こうとしますから、授業中の教室がざわついていれば我慢ができなくなって教室から飛び出してしまうこともあるかもしれません。

以前、お子さんが発達障害ではないかと疑っている小学校3年生の男の子とお母さんが相談に来ました。

母親「うちの子、学校にいるときも、よくボーッとしているみたいなんです」

私「どんな状態なのですか?」

母親「教室移動のとき、誰かに声をかけてもらわないと移動できないそうですし、授業中もノートは一生懸命書いているんですが、先生の話は聞いてないみたいなんです」

私「そうなんですね。ちょっと本人とお話ししていいですか?」

母親「はい」

私「こんにちは。守矢と言います」

子「こんにちは」

私「学校でのことをお話ししてもらってもいいかな？　勉強とか友達のことで困っていることはないかな？」（わざと早口でまくし立てるように聞きます）」

子「えー」（極端に戸惑います）

私「あっ、ごめんごめん。ちょっと早かったね。もう一回ね」

私「学校の先生のなかで、好きな先生は誰かな？」（ゆっくりと話し、答えやすい質問に変えます）

子「あっ、C先生は大好きです！　いつも声かけてくれるから」

……しばらく本人と話をしてから、お母さんのほうを向いてお話しします。

私「お子さん、耳が悪いですね」

母親「え？」

私「聴覚に問題があるのではなくて、目がよくて耳が悪いということなんです」

母親「え？」

私「すみません。言葉が足りなくて申し訳ない。お母さん、右利きですね？」

母親「そうですけど……」

私「左手で字を書いてもらっていいですか?」

母親「え?」

私「面倒くさいですよね。それと同じで、お子さんは何かを見て理解することは得意なんですけど、お話を聞いて理解することが苦手なんだと思うんです。だから、先生のお話を聞くことは、お母さんにとって左手で字を書くのと同じで、面倒くさいということになるんです。それに対して、黒板の字を読んで理解してそれを書き写すのはとっても心地よいので、ついつい先生のお話を聞くのを後回しにしてしまうんでしょうね。だから学校でボーッとしていると捉えられているのだと思います」

母親「……」

私「では、どうすればよいかということですが、またちょっと本人と話してよいですか?」

私「たびたび、ごめんね。今お母さんとお話ししていたこと、ごめんね、ちょっと早くて分かんなかったよね。ゆっくり話すね」

私「先生が言っていることが、途中で分からなくなること、ないかな？」
子「うん、よくあるよ！」
私「そんなとき、どうしてる？」
子「なんもしないけど」
私「それで困ることはないかな？」
子「うーん、そんなに困んない。友達が教えてくれるから！」
私「そっか！　いい友達がいるんだね！」
子「そう！　なんでも教えてくれるんだ！」
私「それはよかった。でもね、ちょっとだけ頑張ってほしいことがあるんだ」
子「なに？」
私「先生がお話ししていることが『早くて分からない』とき、先生に『質問』をしてみる練習をしてもらいたいんだよ」
子「なんで？」
私「だって、お友達がもしお休みだったら困らない？」
子「確かに……」

私「そんなときでも困らないように、先生に質問をする練習をしてみるといいよ」

子「分かった！　頑張る！」

このように、本人の得意不得意を把握し、得意な部分を伸ばし、不得意な部分は先生に質問をするように促すなどして、どうやって補っていくかを教えてあげることはとても大切です。

「ボーッとしている」「先生の話をちゃんと聞かない」など、他の生徒とは少し違う行動を取ったこの子と、「放課後等デイサービス」に来ていた、教室を飛び出してしまう先の女の子との違いは、この子には「困り感」が出ていないことです。

私たちが病院に行って何かしらの検査をしようと思う理由は、「今の状態が辛いから」です。しかし、今行われている子どもが受ける発達障害の検査の大半は、本人は困っていないし、支援が必要な状態というわけでもないのに、親や周囲が闇雲に受けさせているケースが多いのです。そして、発達障害の「疑い」と言われただけで通級指導学級（大部分の授業を通常の学級で受けながら、一部、障害に応じた特別の指導を特別な場で受ける指導形態のこと）を勧められるのです。

検査を受ける必要がある子は、学校での「困り感」が明確にあり、「〇〇に困っていて、学校に行けない」と訴える子です。不登校の理由が明確に言えないからといって、「とりあえず発達障害の検査をする」ことは、必ずしも不登校の子どもへの支援とは言えません。

発達障害だから不登校になるわけではない

発達障害のあるお子さんは本当に生きづらく、学校生活のなかでひどく傷ついている可能性が非常に高いので、**「学校で耐えがたい出来事があって傷ついた」「重度の発達障害があって二次障害として体調不良が出た」**という場合には、医療機関と専門のカウンセラーにつなげて療育に通えるようにします。

反対に、不登校になった理由を明確に言えず、支援者が関わってもなかなか要因が見えてこない子の場合は、この時点では発達障害の検査は必要ありません。何かに苦しんでいる様子もなく、発達障害の「疑い」とされただけなら心配はいりません。

学校は、なぜ不登校になったお子さんの保護者に対して検査を勧めるのでしょうか。**それを受けた保護者はなぜ病院で検査を受けてしまうのでしょうか。**

その答えは、先生も保護者も本人も、「子どもが学校に行けない理由が欲しいから」です。何かしらの診断がつけば、「○○だから学校で無理をする必要はない」と安心し、家で好きなようにさせてしまう、次のようなご家庭のケースがとても多いのです。

父親「息子は一つのことに集中すると周りが見えなくなるので、友達ともうまくいかなくて学校でも浮いていました。スクールカウンセラーさんから発達障害の検査を勧められて受けてみたら凸凹があるということでした。無理に学校に通わせると、二次障害が出るかもしれないとも言われまして、ゆっくりと通える場所を探しているんです」

私「今はどうしているんですか？」

父親「学校には通わせてはいません。もともと体を動かすのが好きな子なので、スポーツジムには連れて行っています。あとはゲームをしていることが多いですね」

私「お子さんが遊んでいるゲームは『プロジェクトセカイ カラフルステージ！ feat. 初音ミク』とか『マインクラフト(Minecraft)』とか、そんな感じですか？」

父親「よく分かりますね！　その通りです。ゲームは楽しいようで、そんな姿を見るとホッとします」

私「それで今後、お子さんはどう育てていきますか？」

父親「え……？　息子の好きなことができて、ゆっくりと過ごせる学校に通わせて、のびのびと楽しい体験をさせたいです」

私「そして、その後は？」

父親「…………」

私「まず考えなければならないことは、お子さんを社会に出すための具体的なビジョンです。そのために今何が必要なのかを考えて、指導や支援をしてくれる学校を探してください。これが順番です。社会に出たら好きなことだけをして過ごすわけにはいかないのです」

このお子さんは、その後、『まほろび』に通いながら自分がこだわりの強い性質であることを理解し、そのこだわりを手放す方法を私と一緒に考え、一般社会のルールを学んでいきました。1年かかりましたが、今は普通に中学校に通い、高校受験を目指しています。

不登校の子が検査を受けた結果、発達障害と診断されたならば療育につながりますが、発達障害の「疑い」とされただけでは、何もすることはありません。しかし、疑いと言われただけなのに、「この子は発達障害だから守らなきゃ」と無理をさせないように親が学校を休ませてしまい、学校側も「発達障害の疑いがあるのだから、不登校なのは仕方がない」と野放しにしているように私には見えます。

ここで勘違いしてはいけないのが、**発達障害の子どもたちみんなが不登校になっているわけではないということ。発達障害と診断された子どもたちの多くは特別支援教育を受けながら学校に通っています。**「発達障害だから不登校でいい」のではなく、「発達障害があっても学校に行こう」という姿勢が必要なのです。先の検査を使って「困り感」の原因を調べて、それをどう収めていくか工夫をしながら学校に通えるように支える、それが特別支援教育の本質です。だから、発達障害と診断されたとしても慌てなくていいのです。

発達障害でも社会に出ていかなくてはならない

子どもが、発達障害によって日常生活に著しい支障をきたしている場合には、まず本人が学校現場でできることとできないこと、学校以外の場でできることとできないことを、支援者が見極める必要があります。支援者は本人ができない部分を補っていきますが、その目標は「本人を日常に帰すこと」です。つまり支援者が補うことで学校生活をしてもらうのが発達障害の支援です。

発達障害と診断されても、成長するにつれて自分の特性を理解し、必要な助けを先生などに求めながら、学校に適応できるようになる＝社会に適応できる力を身につけていく子も多いのです。

次のケースは、発達障害の疑いと言われたことで、周りの大人が腫れ物に触るように接してきたお子さんとのやりとりです。

子「先生！　これやって～」

私「なんで？　自分でできるでしょ、やってみなよ」

子「嫌だ、嫌だ、嫌だ。やってやってやってやって」

このお子さんは高校1年生。ちょっと嫌なことやできないことがあると、まるで3歳児のように駄々をこねて要求を通そうとするクセがついています。

子「いいよもう！　やってくれないってことは僕のことが嫌いなんでしょ。どうせ障害者だと思ってるからでしょ！」

最後は大声を出して騒ぎ出す始末。そういう場合には、

私「あー、うるさいよ。大きな声を出してるってことは、パニックになってるよねー。それっていいことなの？」

と、今の行動が間違っていることをまずは指摘します。

私「そういうときは、(今までの大人とは違って)僕は注意するって言ったけど、覚えてるかな?」

子「嫌だ、嫌だ、嫌だ! 怒られるのは嫌だ!」

私「はい! 注意です。だって、そこは自分で治すって決めたことでしょ!」

子「嫌だ、嫌だ、嫌だ! だって治らないもん!」

私「いやー、この前は治せてたよ。すごく上手にね!」

子「そうだった! 治せてたんだ! すごかったよね? 僕。じゃあ治す」

この高校生の男の子は、本人の思い通りにならないと暴れて暴言を吐くので、困った周りの大人たちは「とにかく彼の希望を聞き続ける」ことだけをしてきました。**「発達障害の可能性がある」から、そうする他ないと考えてしまったのです。**義務教育中はそれでもよかったのでしょうが、高校ともなると、そこまでの支援はしてくれません。

しかし、我が子の身体が成長し、困り果てた親御さんからの相談があって、『まほろび』

でお引き受けしました。

「ダメなものはダメなんだ」、それを徹底させて我慢する力をつけること。

高校1年生のこの子は、まずはここからスタートしたのです。

発達障害があったとしても学校には通わなければならないし、卒業後には社会に出て働かなくてはいけません。「発達障害があるならしょうがない」と学校に行かせないのは間違いで、その考え方は後々、本人を苦しめることになります。

見守るだけでは、不登校から抜け出せない

「どうせ俺なんて」
「学校なんてつまらない」

「なんで勉強なんかするの」
「人が苦手だから外に出たくない」

不登校のお子さんたちからは、よくこんな言葉が聞かれます。

でも、**これらの言葉にこそ「学校に行きたい」という気持ちがにじみ出ている**と感じませんか。私には本音の裏返しに聞こえます。学校に行っていないからといって、学校生活が自分の人生に必要のないものだとはこれっぽっちも思ってはいません。

何か分からないことがあればすぐに生成ＡＩに答えを求めてしまう世代ですから、今の子どもたちは、今の大人世代よりも相対的に自分で考えて答えを見出すことが苦手です。さらに、**明確な答えが出ない「問い」は、考えるだけ無駄であるという発想さえ植えつけられています。**

だから、いったいなんで自分が学校に行けなくなっているのか、どうして家から出られなくなっているのかを深く分析できません。そんな彼らが欲しているものは、自分で考えて出した「答えらしきもの」ではなく、「答え」そのもの、つまり、「不登校から抜け出す方法」なのです。

不登校になった当初は、多くの子どもたちが、親に言われるがまま学校の相談室、自治体の教育相談、民間のカウンセリング、そして嫌々ですが児童精神科にだって、親と一緒に通います。それは、彼らが「不登校から抜け出す方法」を求めていたからです。

にもかかわらず、どの機関に行っても、「まずはゆっくり休みなさい」「お母さんはお子さんを信じて見守ってください」と言われて帰されてしまったら……？

学校の先生もカウンセラーも精神科の医師も、誰も答えを教えてくれなかった。なんの解決策も示してくれなかった。やがて彼らは「そんなところに行っても無駄だ」と思うようになり、そして、外に出る気力を失います。子どもたちは、「見守る」というだけで何も行動には移してはくれない大人に、失望をするのです。

そして、部屋にこもってからは誰の言葉も響かなくなり、ゲームで暇を潰すしかなくなります。ところが、ゲームに没頭しているように見える子どもたちでも、心の中には将来に対する漠然とした不安が24時間ずっと湧き出しています。ゲームでは解消できない焦燥感をいつまでも打ち消すことができず苦しみ続けます。

学校は休んでいても心は休ませられていない、それが不登校の子どもたちです。

20年前の方法では救われない

子どもが突然「学校に行きたくない」と言い出したとき、親御さんは慌てて不登校に関する情報を、不登校関連の本やネット記事や不登校支援者のサイトなどから必死に探して集めます。しかし、そこには決まって、「存分に休ませましょう」「好きなことをさせましょう」「動き出すまで待ちましょう」「学校に行かない理由を聞かないようにしましょう」などがアドバイスとして書かれています。

親御さんに知っておいていただきたいのは、そのような通り一遍の不登校児への対応は、もはや20年以上前のものだということです。不登校が問題視されるようになった当時は、不登校の原因が分かりやすく、多くは学校でのトラブルで受けたトラウマでした。その場合にはスクールカウンセラーが本人と対話をして、子どもの本心を聞き出すことで子ども自身がさまざまな自分の思いに気づき、自らの力で傷を癒やしていく、という漢方薬的な方法がとられていました。

その方法で回復しないほどトラウマが強い場合には、カウンセラーが誘導して本人のトラウマに触れ、意識を揺さぶって回復させる内服薬的な方法（認知行動療法）や、トラウマを思い浮かべながら目を動かしたり耳に音を聞かせたりして、トラウマを消失させる外科的な心理療法（ＥＭＤＲ療法）などもありますが、そういった治療方法は、かなり高度な技術で専門的な訓練が必要ですから、習得しているカウンセラーが少ないのです。

当時も今もスクールカウンセラーや臨床心理士が行うのは、本人や親御さんの悩みをひたすら聞く漢方薬的な方法で、「子どもの自主性を重んじて、本人がカウンセリングを受けたいと言い出すまで待つ」とか「カウンセリングを行いながら、本人が学校に行けるようになるまで待つ」というものです。

実際、一時期はこの方法で不登校が減ったため、**今でも相談者の話をひたすら傾聴するという方法が、スタンダードな支援として続けられています。**20年前に不登校を研究、支援してきた大学教授や研究者は、今の時代にも自分の研究成果をそのまま踏襲して支援や助言を続けてしまっていますし、著作物は今でも親や学校の先生のバイブルにもなっています。

しかしそれが通じたのは、インターネット環境が家庭になく、家にいるときに膨大な時間があり、子どもたち自身が自分と向き合うことが環境的に可能だった時代です。

インターネット環境が家庭で整い、ゲームなどで時間を楽に潰せるようになった昨今では、子どもたちが自分自身と向き合うことがなく、ただただ月日だけが過ぎていってしまいます。情報過多社会は、時間感覚を麻痺させるのです。その結果として、不登校になる年齢も小学校低学年から高校生まで広がり、その原因も複雑化しています。このように家庭環境が激変している現代において、昔の考え方はもう通用しません。むしろ不登校を悪化させていると言ってもよいほどかもしれません。

本当に傷ついている子どもの見分け方

不登校の原因や理由が昔と比べて複雑になっている今、子どもが本当に学校に行けないほど傷ついている状態なのかどうかは、全力で見分けなければいけません。

それは白か黒かの話ではなく、あくまでも度合いの問題です。もちろん、子どもによって傷つきやすさは千差万別ですが、要因が、「**学校の友達関係がうまくいかない**」や、「**先生との折り合いが悪い**」くらいのレベルのものなのか、「**クラスのみんなの前で先生に思い切り罵倒された**」とか「**学校で強烈ないじめに遭った**」など、誰が聞いても重いものだったのかは、探ればすぐに分かります。

本当に心が傷ついて学校を休み始めた子どもと、たいした理由もなく休んでしまう子どもとでは、不登校になる前の様子に違いがあります。ただ、どちらにしても学校で嫌なことが重なっていくときには、休む前に「明日は学校を休みたい」と言い出したり、「頭が痛い」、「お腹が痛い」などの身体症状が出るなど何かしらのサインは出てきます。

学校でいじめ問題などが発覚したときに、担任の先生や校長が「気づきませんでしたし、周囲も気づいていませんでした」と言い訳することがありますが、ほとんどの場合は何かしらのサインが出ていますから、先生方は本当は気がついているものです。

ただ、子どもたちは日々いろいろなことで悩み、その都度さまざまなサインを出していますが、それを取り繕うために「大丈夫です」と言ってしまうのです。

それを「**頑張っているから気をつけて見ていこう**」と感じるのか、「**頑張ることができているからまあ大丈夫だろう**」と甘く考えるのか。この違いが後に大きく響いてきます。

不登校になる前には、行ったり行かなかったりを繰り返す五月雨登校が始まります。月に2回以上休んだら不登校のサインだと先生のマニュアルにもあります。「どうした？」と声をかけてみて、「大丈夫ですよ」と本人が返事をしても、数日後にまた休んだら、心身に何かしらの問題が起きていると考えていいでしょう。

「原因も見当たらないし、本人は大丈夫だって言っているから大丈夫だろう」と信じたい先生の気持ちは分かりますが、**五月雨登校の時点で、何が原因なのかを先生は調べるべきです**。

一方、毎日みんなが集まって食事を一緒にとる家庭、一日に数回は子どもに声掛けをしている親御さんならば、子どもの変化には敏感なはずで、なんらかのサインは感じられると思います。

「大丈夫」と本人は言っていても、明らかに大丈夫でなさそうなとき、何かに耐え忍んでいる雰囲気を感じたならば、まずは休ませなければいけないサインと捉えてください。一方、「○○が嫌だから、今日は休む」などと具体的に理由を言っていたなら、たいしたことはないと考えていいでしょう。

つまり、学校生活で感じた嫌な思いを堂々と話せる子にはまだまだパワーが残っています。反対に、嫌な出来事があっても何も言わずに耐えている子は、心が深く傷つき、SOSを発する気力さえなくなっているため、一見、平静にしています。

そういう子の場合、苦しんでいる状態に誰も気づいてあげられなければ、ある日突然不登校になったり、最悪の場合は亡くなったりしてしまうこともあります。

特に思春期の後半に入った**中学校2年生前後からは、普段から大人が子どもの様子の変化に気をつけてあげてください。**自我が芽生え始めた頃にいじめを受けて、「自分の人生はこんなはずじゃなかった」と一人で悶々と思い悩む日々が続き、ある日突然「もうダメだ!」と学校を休む。このような場合には、家でゆっくりと休ませなければいけません。

逆に、小学生くらいでまだ自我がそこまでは育っていない年齢の場合には、「あれが嫌だ、これが嫌だ、だから行かない」と自分が不快だったことを素直に話し出します。しかしこうした場合は、何かに傷ついているから嫌だということではなく、忍耐力の未熟さからきている場合がほとんどですから、ここで、「嫌なら行かなくてもいいよ」などと言ってしまうのは誤りです。

しかし、学校も親御さんも、不登校の子を無理に学校に行かせようとして追い詰めてしまうことを強く恐れています。学校にも行かず何年も引きこもり生活をしていても、「生きていてくれさえいればいい」とゲーム依存の子どもを見守り続ける家庭も少なくはありません。

本人の意思を尊重するという大義名分でただ漠然と休ませるのではなく、不登校になった原因と経緯は必ず探ってください。厳しいことを言うようですが、外に出られなくなるほど辛いことがあって家に引きこもっている子どもが、ワーワーと大騒ぎしながら、おやつを好きに食べながら、ゲームでネット対戦をしているということはあり得ません。

本当に傷ついていたのなら、そこまで元気にはなれないのです。

不登校の支援の順番を間違えない

子どもが不登校になったばかりの頃の親御さんは、行き渋る子を必死になだめて学校に行かせようとしたり、欲しがっていたゲームソフトをニンジンにしてぶら下げてみたり、泣き叫ぶ子どもの腕を力ずくで引っ張って連れ出すなど、手を変え品を変えて、学校に連れて行こうと奮闘します。藁にもすがる思いでネットや本などから集めた、不登校を解決させるための情報に振り回されながら、これまで聞いたことも見たこともない不登校児への対応とやらを24時間365日やっていくことになります。学校の先生はもちろん、スクールカウンセラーも精神科医もできなかったことを素人の親がやるわけですから、気力も体力もみるみる削られていきます。

ここでお伝えしたいのは、不登校を解決に導くには、子どもの回復度に応じた対応があるということです。その順番を間違えないようにするだけで、早期の回復につなげることができます。

不登校初期——休ませることが必要な時期です

不登校になりたての頃には、どんな子どもでも腹痛や頭痛、嘔吐、下痢、朝起きられないなど、病気のような症状が出てきます。鬱と診断される場合もありますが、その様子は、身体が本当に動かなくなってうずくまっている感じといいますか、テレビやスマホを眺めながらじっとしているとか、布団をかぶって出てこない、そんなイメージだと思ってください。朝から晩まで眠り続ける子も珍しくありません。

不登校初期の子どもに急に身体症状が現れた場合には、「自分の心が傷ついたことを言葉で表現できないために症状が出ている」と考えてください。心が傷つくことは身体に大けがを負ったのと同じ状態で、心を守るために症状が出ているのです。

もしくは、「学校に行かないことは悪いこと」という意識が子どもにあるために、行きたくないと思ったときに症状が出ることがあります。そんなときには何かをしたいというような活力は出てきませんから、存分に休ませてあげてください。

特に、行けなくなった理由が明確にある子の場合には、本当に心が傷ついている可能性が高いです。発達障害のある子どもであれば学校で何か不快なことがあって、それが理由で不調が出ていることが非常に多いです。不登校の初期に「学校で何かあったの？」と行けなくなった理由を聞かれることは、自分が不快に感じた出来事を回想することになり、とても辛いため、一時的にそっとしておく必要があります。まずは心の傷を癒やしてあげてください。

また最近は、朝、どうしても起きられない子どもに**「起立性調整障害」という疾患を疑うケースも出ています。**これは自律神経系の異常で、朝起きて立ち上がろうとしたときに、血圧の低下、心拍数の上昇などが見られ、日中も疲れやすい、長時間立っていられないなどの症状を訴えます。

次のうち三つが当てはまったら、一度この検査を受けてみましょう。

- 朝なかなか起きられない
- めまいや立ちくらみをよく起こしている
- 疲れやすい。疲れがなかなか抜けない
- 少しの運動で息切れをしてしまう
- 午前中は集中力がない

●午後から夕方に元気になる
●食欲がないことが多い
●乗り物酔いをする

小学生の5％、中学生の10％が該当するといわれ、また不登校の子どもの半数が、この疾患であるというデータもあります。小児科でこの疾患を診断されたとしても、薬は処方されません。交感神経の負担を減らすため日常生活の改善が指導され、食事療法（バランスのよい食事をとる）や飲水療法（水分を1日1・5～2リットル飲む）、光療法（日光を浴びて体内時計を調整する）、運動療法などを勧められます。

不登校回復期――不登校の理由を探る

数日から1～2週間程度、安静にして休ませてあげていると、そのうちに元気になる予兆が見えてきます。テレビで好きな番組を見始めたり、スマホで動画を見たり、ゲームで遊び始めたりしますので、その段階にきたときには特に気をつけてください。

不登校関連の本にはたいてい、「不登校になったら学校を休ませて好きなことをさせなさい」と書かれています。しかし、身体が動かなかったり、不調が出てしんどかったりするときに休ませるのは正しくても、子どもが元気になり始めた段階で、ゲームが好きだからといってやらせてしまうのは間違いであると私は断言します。長期間、刺激のない生活を送って体を休めていた子どもに、いきなり依存性の強いゲームを与えたりしたら、一気にのめり込んでしまい、取り返しのつかないところまで進む可能性が高いのです。

子どもの口から「退屈」「暇」「ゲームをやりたい」などの言葉が出てきたら、体調がよくなってきた証拠ですから、学校を休んでいる原因を訊ねてもいい時期です。心療内科などのカウンセラーが行うトラウマの治療の一つに、「嫌だった思いを回想する」ことで心を平穏にさせる方法があります。人は言語化することによって頭の中を整理していきますから、回復期になっていれば、「もしかして、何か嫌なことあった?」と訊ねれば、「〇〇ちゃんにこんなことをされたんだ」とか「俺はこのクラスではキャラが違ってさ」などと教えてくれるようになります。

もし、直接聞くのが難しいようでしたら、「**暇なら学校の代わりになる場所を見学しに行かない?**」と誘ってみると、うまくいくことが多いです。次のやりとりを見てみましょう。

子「あー、暇だー。何にもすることがないよーー。つまんないーー」

親「暇でも学校に行くのは嫌なんだよね？　だったら学校の代わりになる場所とか、一緒に見学に行かない？」

子「えー、嫌だー」

親「じゃあ、私だけで見に行ってくるけど、今の学校と同じような環境だとまた通えなくなるかもしれないからさ、学校の何が嫌だったのかをちょっと教えてくれる？」

子「うーーーん。お腹が痛くて宿題ができなくて出せなかったときに、○○ちゃんが『早く出しなよ』とか『先生に〝忘れました〟って言いに行かなきゃいけないんだよ』とか言ってきたの。いつもいつもそんなことを言ってくるから嫌だった。その子には、なんの関係もないのにさ」

親「そうかあ。宿題は自分のことなんだから、○○ちゃんが言うことはないのにねえ」

子「ほんとだよ。学校の代わりにどこか行くんだったら、宿題がないところか、友達が口を出してこないところがいい」

このように、「どこかに見学に行こう」と誘いながら、学校に行かない理由を聞いてみると、だいたいの子どもが何かしらの反応をしてきますので、不登校の原因が探れると思います。うまくいかないようでしたら、次のようにどこか具体的な機関の名前を出してみてください。

親「学校が嫌なわけではないけど行きたくないのかあ……。じゃあとりあえず自治体の適応指導教室にでも行ってみようか？」
子「ああいうところは、なんか学校と同じような空気が流れてそう」
親「同じような空気って、どういう空気？」
子「なんか静かでさ、勉強ばっかりしている感じしない？　息苦しい感じ」

具体的な機関名を出すと、お子さんの気が乗っていても乗らなくても、何かしらの返事を引き出せるはずですから、「そこの何が嫌なの？」などと聞き出してみてください。

不登校に明確な理由があった場合

子どもが不登校の理由を明確に話してくれた場合には、その時点で基本的に言語化ができていますから心の傷は回復してきています。

「**○○をされたから学校に行けない**」
「**学校のこういうところが嫌だから行けない**」
「**△△先生にひどいことをされた**」

などと話してくれたならば、嫌なものを取り除くしか方法はありません。A君にいじめられたならばA君がいない環境に行く、B先生に罵倒されて傷ついたならばB先生がいない学校に行くなど、転校を考えざるを得ない場合もあります。とにかく**不登校の理由を本人が言語化できたわけですから、それを取り除くのが原則です**。本人は、親と学校の折衝を嫌がるかもしれませんが、原因を取り除きさえすれば、再び学校に行けるはずですから、親は行動に出るべきです。

不登校に明確な理由がない場合

本人が不登校の理由を明確に言えず、周りから見ていても、今ひとつ要因が分からない場合には、「ちょっと嫌なことがあって1回休んじゃったら行きづらくなった」が真相の場合が多いです。ちょっとのつもりが、休み続けているうちに深刻化してしまったことで、本人もどうしていいのか分からなくなっていることでしょう。

不登校になった理由が明確にあるということは、具体的に「これが嫌！」という出来事があります。「Aという事件があって、それがBという結果を生んだから学校に行けなくなった」と理路整然と説明できれば具体性があると言えます。

しかし、**「最初はなんとなく行けなくなっちゃったんだけど、今は人に見られるのが怖い、復帰したときに白い目で見られるのがなんか恥ずかしい」**というのは明確な理由にはなりません。ましてや、「面倒くさいから行かない」は不登校の理由にはなりませんし、「人が怖い」「人が多いから外は嫌」も、なんの説明にもなっていません。第三者から見ても「明らかにそれは嫌だよね。ひどいよね」と感じられるものが明確な理由なのです。

不登校の理由が言えない子どもに何があったのか

先ほど、「ちょっと嫌なことがあって学校を休む」と書きましたが、具体的に「ちょっと嫌なこと」とは、どういうものだと思われますか？

不登校の子どもたちと話をしていて多いと感じるのが、

「自分が思い描いていた自分のイメージが、新しいクラスでは実現できなかった」

という理由です。このように、大人からすればたいしたことではなくても、思春期の子どもたちには耐えがたいことが多々あります。

今の学校は小学生も中学生もクラス替えをした瞬間に、まずは自分のスタイルをつくらなければなりません（キャラ設定）。昔は学校が地域と密接につながっていたので、本人がどんなに頑張って格好つけても「○○さんちの子」というのが先に立ちました。八百屋さんの息子とか、病院のお嬢さんとか、教師の子ども……という前提のもとで、子どもたちは自分のアイデンティティを築かなければならなかったので、ある意味、自分はこうなりたい！　と思っていても、過度なキャラクター設定ができない時代でした。

「頭がいいと見られたい」「運動ができるようになって異性にモテたい」などと思ったとしても、「あんたは○○さんちの子どもでしょ？」と言われてしまえば、「しょうがねえか」と運命(?)を受け入れざるを得ず、不平等社会のなかに学校生活があったのです。

しかし、今はほとんどそういう空気は失われました。だから、子どもたちは一から何かしらの自分のキャラクターを設定しなければいけません。つまり、リアル学校社会もゲームの延長線上にあるということです。しかし、ゲームの世界と違って、自分がつくった理想の姿を演じようとすると、なかなかうまくいかずに、想定外の「ちょっと嫌なこと」がいくつも出てくるのです。

頭がいいと思われたかったのに、たまたまテストの点数が悪くて「お前バカじゃん！」と言われたり、見栄えを工夫して格好つけていたつもりが、ある日を境に「カッコ悪い奴認定」されて笑われたり、リーダー的存在になりたかったのに、誰も仲間がついてきてくれなかったり……そうこうしているうちに、自分が大切にしているイメージとは異なる自分の姿がクラスや学年に広まり始めると、自分自身をどうコントロールしていいか分からなくなり、ちょっとしたことが気になっていきます。これが「ちょっと嫌なこと」の原因です。それがだんだんと重なっていき、その子の我慢の限界を超えたときに、ふと休んでしまう。限界を超えているから体調も悪くなります。

でも学校さえ休んでいれば「ちょっと嫌なこと」は回避できますから、症状はそんなに長引きません。**体が鈍ってきたなあと感じる7日目くらいに、「えいっ！」と学校に戻れるくらいの根性がある子は、不登校にはなりません。**

学校に戻ろうと思ったときに「どういう顔して戻ればいいのか分からない」「次にどんなキャラ設定をしたら受け入れられるのか分からない」「休んでいた理由を聞かれても答えられない」、そんな思いからズルズルと休み始めるのが不登校の最初なのです。

回復期の前、嫌なことが積み重なって溢れたときに不登校の理由を聞いても、「なんとなく嫌」「学校が嫌」「クラスが嫌」などと答えます。そして、結構多いのが「人が嫌」という回答なのですが、正確には「人からの評価が嫌」ということです。

不登校の原因が見当たらないと、すぐに発達障害の検査をする親御さんが多いことはお伝えしました。検査は無駄ではありませんが、こうした実例を多く見ている私は、不登校の原因が発達障害という例は実はそう多くはないと考えます。

勉強して自己肯定感を上げ、イメージを取り戻した中学生

中学校3年生の息子を持つお母さんから、こんな相談がありました。

母親「息子が不登校になった理由はだいたい分かっています。中学校1年生のときに仲良しだった女の子に、みんなの前でフラれたみたいなんです。それ以降、学校に行っていないので、それが原因ではないかと……」

話によると、この方のお子さんは自分の通っている中学校の制服を着ている子を見るだけで顔面蒼白になり、気持ちが悪くなるので、家から出られなくなっていました。彼はスポーツ万能で、見た目も格好よくて、女の子にモテるキャラクターを目指していたようです。しかしそれが崩れて不登校になってしまいました。

この子が学校に戻れるようになるためには、もともと目指していた自分のイメージを復活させる必要があると考え、私は、ちょっと偏差値の高い高校を受験するように促しました。

不登校のお子さんでも、「学力」が伴っていれば全日制の高校に行ける時代になっています。私は彼本人とこんな話をしました。

私「今は勉強さえできれば、欠席日数が多くなった理由を説明することで、受験できる学校があるから全日制でも行けるんだよ。偏差値が高い高校もあるぞ！（机に問題集を広げて）ここに行くためには、これくらいの勉強が必要だけれど、どうする？　やるか？」

子「うーん。この量か〜。できなくはなさそうだな〜」

私「そうだろう？　まあやってみて、どうするか考えたら？」

子「うーん……」

彼はさんざん悩んだ挙げ句、「ちょっと試してみるわ！」となりました。努力の甲斐あって、地元でちょっと名の知れている高校に合格したこのお子さんは、けろっとした顔をして、合格発表の次の日から、中学校に通い始めたのです。

自分のイメージとは異なる評価を受け続けることは思春期の子どもたちにとって辛いことではありますが、それを「努力によって補うことができる」と教えると、それが達成できた段階で、学校に復帰していきます。

とにかく外に出せ！ 工夫を凝らして家から追い出す

何度も言います。**一番気をつけていただきたいことは、少しずつ元気になってきた時期に、子どもの求めに応じてスマホやゲーム機やパソコンを与えてしまうことです。**

子「暇だ〜。つまんない〜。パソコンがあればな〜。マインクラフトも本格的なのができるんだよ〜。鉱物とか覚えられて頭よくなるし」

父親「……(受験にも使えそうだな)」

母親「……（パソコンなら、プログラミングの勉強にもなるかもね）」

長い間、部屋に閉じこもって会話もままならなかった我が子から、こんなお願いをされた親御さんは、子どもになんらかの意欲が出てきたと喜びます。

「将来はプロゲーマーになれるかも！」

「プログラマーを目指して勉強してくれるかも！」

などと期待して、言われるがままに高価なパソコンを買い与えてしまう親御さんがいますが、それは、登校へのチャンスを失わせるだけです。引きこもってもいいよ、と認定したのと同じです。

子どもが不登校になった初期の段階で親がやっておくことは、子どもに回復期が訪れたときのために学校以外の場所を探しておくことです。回復期は突然やってきます。

子「あー、暇だー。やることがなくてつまんないなあ。ニンテンドースイッチ買ってよ」

親「暇なのかー。じゃあさ、学校に戻るのは嫌だろうから、フリースクールに見学に行ってみようよ。ニンテンドースイッチやゲーミングパソコン（ゲームのプレイに特化したパソコン）もあるみたいよ」

子「え？　ゲーミングパソコンも⁉　あー、でも面倒くさい。外出るの、疲れるわー」

親「そうかあ。面白そうだったんだけどね。行ってみないと分からないからさ」

子どもたちは最初から「行く」とは言わないでしょうが、「暇」「つまらない」などと言い出したらチャンスです。回復期ですから、そのときには「学校に戻れ」とは言わないにせよ、「暇なら学校の代わりになるところにでも行く？」と声を掛けてください。

要するに社会とつながる場所を提案するのです。

この段階で親が子どもにすべきことは、学校以外で通える場所を子どもに与えること。たとえ学校に戻りたいと思っていた子どもでも、いざ実際に戻るとなれば、大人が無断欠勤をした後に出社するようなもので、大変なプレッシャーがかかります。長期間休んでいれば孤独感が増していますから、なおさらです。

そこは理解を示してあげて、親御さんが学校の代わりになる場所を探してあげてください。自治体が運営している適応指導教室や、民間のフリースクール、学校のなかならば別室でもよいです。「暇になったのなら、行けるところに行きましょう」と声掛けしてください。

というのも、不登校の子は決まって「外に出るのが怖い」と言いますが、それは同級生や先生に会うかもしれないからです。会ったときの気まずさを味わいたくないですし、学校に行っていない言い訳が用意できていないからです。言い訳がないまま外に出るのは、武装しないで戦地に出るようなもので、そこに思春期特有の気持ちが加われば、その恥ずかしさは計り知れません。

しかし、いつまでもそうしてはいられません。現況を打開していかなくてはなりませんから、**「学校には行っていないけど、学校と同じような場所に通っているよ」と堂々と言えるようにしてあげるのです。**

そのためにも、ここは次のようにお子さんに話をしてみてください。

親「あなたは、スマホもゲーム機もパソコンも使えなくなったとしても、このまま家に居続けたい？　それとも、学校の代わりになる場所に通って勉強やスポーツとか、やるべきことをやってから思う存分にゲームで遊べるのとどちらがいい？」

子「どこにも行かないで、家でゲームしていたい」

親「でも、暇で暇でつまらないんだよねぇ。このまま家にいてもニンテンドースイッチは降ってはこないからゲームはできないよ。どこか通えそうなところを一緒に考えようか」

子「えーーー」

親「ゲームはしてもいいんだよ。だけどそれは、行ける場所が決まって、やるべきことをやってからだよ」

ゲームができる環境を与えるのは、「学校か、学校の代わりになる機関に再び通えるようになった後」と親御さんは覚悟を決めて、お子さんに伝え、選択をさせてください。

通えるような場所ができて外出する日数も安定してきたときには、「勉強する場は学校だけではない」と本人に伝えてしまってもよいでしょう。

無理に学校に戻そうとするのではなく、学校に戻れなくてもその場所なら頑張って行けるというのであれば、その対価として、また、その場所にいる子どもたちとのコミュニケーションツールとしてゲームを与える、という順番にするのです。ニンテンドースイッチなどのゲーム機は仲間と一緒に遊べるので、コミュニケーションツールとなりますから、与えてはいけないのではなくて、与える順番を間違えないように、ということです。

外に出る仕掛けをつくる

あるご両親が揃って私のところに相談に来られました。ゲーム漬けの日々を送っていた中学校2年生のお子さんから「20万円のゲーミングパソコンを買ってほしい」と言われたというのです。お二人はかなり悩んでおられましたので、私はある提案をしました。

母親「息子がどうしてもゲーミングパソコンが欲しいと言うのです。今までは古いパソコンでやっていたのですが、どんどんゲームも進化しているみたいで、今のパソコンでは何もできない！　と不機嫌になるのです」

父親「普通のパソコンなら買い与えてもいいと思うのですが、高級なゲーミングパソコンというのが引っかかって気が進まないのです。どうせ、ゲームばかりするのは目に見えていますし」

私「パソコンを買うのは構わないのですが、その場合は家の外に出ることを条件にしなければいけません。うーん……だったら、私の教室でコンピュータをつくらせましょうか？　ゲーミングパソコンを買うのではなく、パーツを購入してシステムを勉強しながら組み立てればパソコンの中身も分かるし、途中でパーツを入れ替えれば性能を上げることもできます。最初から高価なものを与えなくてもいいんです」

そんなことができるのか！　とご両親はとても喜ばれました。そして、その子には、「うちの教室で私と一緒にパソコンをつくるよ。完成したら持って帰っていい、それが君のミッションだ」と伝えました。

このような工夫をすれば、その子は家から外に出て、私の教室に来なければパソコンが手に入りませんし、そのパソコンはメーカー保証ではなく「私保証」なので、問題が出たら私のところに直しに来なくてはいけません。パソコンを組むのは難しくはないのですが、途中で（私がわざと仕込んでおいた）不具合が出るので、何度も出て来なければいけないのです。そうやって私はその子との関係をつくっていきました。

このパソコン製作には三つの効果があります。

一つ目は、私を、自分の夢を叶えてくれた人だと錯覚してくれることです。だから私に言われたら必ず会いに行かなきゃいけないし、裏切ってはいけないと思ってくれます。

二つ目は、パソコン製作は一対一で行う作業のため、強固な人間関係ができます。

三つ目の効果として、私にとってはその子の人となりを知ることができます。

何度も会って共同作業をしていれば、その子を社会に戻すための次の課題が自ずと見えてきます。このように、不登校のお子さんから何かの要求があれば叶えてあげてもかまいませんが、その際には「外に出ること」を条件にできるよう工夫を凝らしてみてください。

起立性調節障害があっても学校には行くしかない

先に、起立性調節障害について紹介しました。ここでは、その悩みを抱えた親御さんの相談事例をご紹介しましょう。

親「うちは起立性調節障害なので学校には通えていません。見ていてかわいそうなくらい朝起きられなくて。このままでは学校に行かせるのは無理です。こちらの教室なら時間の融通も利くと思って相談に来ました」

私「診断はされたのですか」

親「はい、医者に通って診断がつきました」

私「入院での検査ですか」

親「いいえ、違います」

私「あまりひどいようなら入院での検査ができる病院を探してください。私の経験上、入院のほうが詳細が分かるようです。起立性調節障害と診断がついている なら、それを理由に毎日昼から行くことを学校に認めてもらっている子もいます。それを目指してみてはどうですか」

親「昼からですか……。そういう方法もあるのですね。学校に相談してみます」

本人が「起きるのが辛い」と言って困っているのであれば検査はしっかりと受けてください。病院数は限られているようですが、起立性調節障害は入院での検査をお勧めします。しつこいくらい何度でも言いますが、たとえ発達障害や起立性調節障害と診断されたとしても、家にこもっていてはダメです。診断がついたお子さんにはこんなふうなやりとりをします。

私「あなたは起立性調節障害で休んじゃってたのか。それは辛かったね。じゃあ、昼からなら行けるよね」

子「昼から行くって、毎日でもいいの?」

私「朝起きられないんだから、昼からでも大丈夫。そうやって決めていく子もいるよ」

長期にわたって休んでしまった後に通学を開始するのはしんどいものですが、もし診断名がついたのなら悲観せず、診断されたことを堂々と伝えて学校に再び通ったほうが学校には行きやすくなるはずです。

「なんでこんなに長く学校を休んでたの？」
「病院に行ったら、起立性調節障害というのになっちゃってたんだよね」

こんな調子で会話ができるように、お子さんに教えてあげるのです。

発達障害や起立性調節障害、過敏性大腸炎などの病名は学校を休むための理由に使うのではなく、学校に戻って友達と話をする際に、「長期で学校を休んでいた理由」として使います。このような使い方をするならば、検査は大いに役立ちます。「診断がついたから学校には行けないね」という発想になってしまったら検査は害にしかならないのです。

障害というものは、ある症状によって日常生活が著しく支障をきたしている状態を指します。もし、その子が家のなかでオンラインの対戦ゲームにハマって騒いで遊んでいるとしたら、日常生活に支障はないと思って大丈夫です。その場合は、社会生活を送るためのスキル不足でありトレーニング不足。発達障害や起立性調節障害という病名に守られてしまって不登校になっているのです。

そのことを子どもにズバリ指摘をして傷口を晒してしまうことは避けなければいけませんが、家で守ってあげることが彼らに必要な手当てではないのです。親御さんや周囲の大人たちが「障害があるから不登校でもしょうがない」と諦めてしまったら、子どもはいつまでも家の外に出られなくなってしまいます。

私は、発達障害や起立性調節障害の疑いのある子には、支援ではなく指導をしています。徐々に刺激を与えていって、最後には「障害があってもいずれは社会に出ないといけないのだから、行きたくない気持ちと戦って外に出なさい」と指導をするのです。

たとえそれがどんなに困難なことであっても、不登校の子どもたちを社会に出していくための作業を大人がしていかなければ、子どもたちは救われません。

家訓をつくって「諦める力」をつける

ここまでお話ししてきたことをいろいろやってみたけれど、やっぱり家から一歩も出られないお子さんも当然いるでしょう。**第3章**でお話ししたようにWi-Fiを切ることなんて、子どもの反応を考えるとても怖くて一歩が踏み出せないという親御さんもいらっしゃるかもしれません。

そんなご家庭に私は、「**簡単なものでいいので、たった一つ、家族みんなが守れるくらいのルール、家訓をつくってください**」とお願いしています。家族は、最小単位の社会です。その社会を構成する一員として、「〝これだけは家族全員が守っているから〟という大義名分を立てて、その家訓を毎日守らせてください」とお話しします。

もちろん子どもからは「なんでうちだけ！」と責められもしますが、「それはうちのルールだから！」と説明してもらいます。家の外に出たときに社会のルールを守れるように、まずは家のなかで訓練させるために行います。

家訓とは、家のなかでのルール、いわゆる枠組みです。昔は、「地震、雷、火事、親父」といわれるように、家のなかでは父親が一番偉くて怖い、そして強い権限を持っていたので、それぞれの家のルールは父親が決めていました。たとえば門限。○○君の家は7時だけど、うちはなぜか5時。母親からは「それはお父さんが子どもたちのために決めたルールです」と言われるのですが、子どもは反発。「A君の家は7時だよ、うちも7時にしてよ」と要求しますが、「うちは、うちだ!」と父親に怒られるわけです。そんな理屈にはなんの説得力もないと言われてしまえばそれまでですが、昔から家のなかのルールというものはそうやって決まっていました。

今の時代ならば家のなかのルールは父母が相談をして決めると思いますが、どちらにせよ、昔はその枠組みのなかに収まらないと子どもは生活ができませんでした。子どもとしては「理不尽なルールは嫌だけど、親父は怖いし、この家でないと生きていけないから」と仕方なく従っていました。これが枠組みのなかに収まるということです。

子どもが夕飯を一人で食べる孤食の増加が問題になって久しいですが、今は食事の時間にさえ枠組みがありません。五十年前ならば、父親が決めた時間に座ってご飯を食べ始めていなければいけなかったのです。遅れて帰ってきたときにはお膳はすでに片付けられていて、その日は食事抜きという家庭も珍しくはなかったでしょう。

だから子どもはどんなに友達と外遊びを続けてたくても、その時間には間に合うように帰りました。嫌いなおかずでも出されたものを食べなければ他に食べるものはなく、その夜は空腹に耐えなければいけなくなりますから、好き嫌いなど言えたものではありません。ところが今は、そういう枠組みがありません。家にいさえすれば、好きなときに好きな物が魔法のように出てきますから、ルールを守る機会がないのです。

当たり前ですが、人は困る場所に行かなければ「困り感」を感じることはありませんので、家に引きこもった子どもには家のなかでのルール、家訓をつくって家のなかで存分に困らせてください。

家のルールを守らなかったから食事が出てこないとなれば子どもは困りますから、怒りますし、暴れもします。でも、家のなかでのいざこざは子どもの「困り感」を子ども自身が解消させる自分勝手な手段です。子どもを怒らせたくないからといって、親が子どもの要求通りに動いてしまえば、子どもに「困り感」が生まれませんので、それを解消するための正しい手段を子どもに教えられなくなります。

社会に出れば思い通りにならず、困ることばかりが起きます。まずは、家庭のなかで起こった困りごとを言語化して、「**困り感**」**が出てきたときにはどうすればよいか、自分で乗り越える手段を考えさせるのです。**引きこもった子どもに、社会に出るための力をつけさせるためには、かなりの工夫を凝らさなければなりません。

家訓を守らせてみたら子どもが変わった！

不登校の子どもたちは、家にいる間はすべて自分の都合で生活を回すことが多いため、他人の時間に合わせるという経験ができていません。ですから、前項でお話しした「他の人の時間に合わせないと自分が食事にありつけない」などの体験を重ねていくことで、「仕方がないなあ」と腹のなかに収める、いわゆる「諦める力」が育っていきます。

まず手始めに、夕食の時間などで、「週に2回、決まった時間に家族全員で夕食を食べる」というようなルールをつくってみてはどうでしょうか。そこで気をつけていただきたいことは、イレギュラーが出ないように、必ず家族全員が守れる緩いルールをたった一つだけに絞って始めてください。そんなルールでも、親の都合に合わせなきゃいけない経験は本人にとっては楽ではないのです。

このお話をしたところ、早速開始した親御さんがいました。お子さんは小学校4年生から完全不登校で、私のところに来たのは中学校3年生、受験のことで相談に来られたのが始まりです。家訓の話をした当時は、お子さんは高校1年生になっていました。

ご両親はお二人ともコンピュータ関係の在宅勤務でしたから、「夕食は夜の7時から毎日全員で食卓に揃って食べる」と決めました。本人は最初、怒っていたのですが、「まあそれくらいならいいか」と思ったのか、夜7時には席には着きました。しかし一口だけ食べたらすくっと立ち上がって、ゲームのために部屋に戻っていきます。そして、しばらくゲームをやって、お腹が空いたらまたひょっこりとやってきてご飯を食べ、満足するとまたゲーム部屋に戻る……というルーティンになってしまったとお父さんから電話がありました。

親「午後7時にちょっとだけご飯を食べたと思ったら、すぐに部屋に戻ってまたゲームです。どうしたらいいんですかね」

私「いや、食事の時間には終わりがありますよね。何時に終わるんですか」

親「家族で食べるって決めたから夜の7時に食べ始めるんですけど、一口食べて部屋に戻っちゃうから、子どもが食卓に戻ってくるまで妻と二人で食卓で待っているんですよ。食事の終わりはだいたい10時くらいですね」

私「ダメですよ。それじゃあ、ご両親が本人の時間に合わせてるということですよ！　来週からは『食事の時間は7時から8時の1時間、それが終わったら片付ける』と言ってください！」

それを本人に伝えたときには驚いた顔をしたそうですが、だんだんと1時間で食べる習慣がついていきて、そのお陰で昼夜逆転が少しずつ治ってきたというのです。

すると本人も自分の変化に気づいたようで、また、ネットで調べたらしく、「みんなで一緒に食べることは健康によい」とか、「お父さんお母さんと話すだけでもコミュ力が少し上がる」とか言い始めたそうです。理不尽に感じたルールではあったものの、自分に何かメリットがないかを探したようで、しばらくしたら普通の生活ができるようになっていきました。

ゲーム代を自分で払わせる

この話には続きがあって、本人が普通の生活を送れるようになってきたので、私は「お小遣いを定額制にしたほうがいい」と親御さんに提案をしました。本人が使っているいろいろなサブスク代もすべて親御さんが支払っていたので、私はそれも「アルバイトをして自分で払わせなさい」と伝えたのです。

この子は5年間も完全不登校で中学校3年生の一学期に『まほろび』に来て高校受験にまで持っていった子でした。小学校4年生から一切勉強をしてこなかったので、漢字も分数も分からなかったのです。

さすがにその状態では、都立高校の受験は厳しいと感じたのですが、受験した経験はいずれ役に立つだろうと考え、受験だけはさせました。しかし5年間、教育を受けてこなかった代償は大きく、落ちたときには塞ぎ込んでいました。そこから結局、通信制高校に入りましたが、高校生になっても昼夜逆転もゲーム漬けも治らなかったのです。
そこで、自分でアルバイトをしてゲーム代くらい払いなさいという話をしたのですが、「俺は長いこと家から出ていない生活をしていたから、急にバイトするのはハードルが高くて無理。でもお金は払わなくちゃいけないよね」と言っていました。そこから数日経って、今度は本人から私に電話がありました。

子「どこかでバイトをしたほうがいいと思うんだけれども、なんかない？」
私「外には出たくないし、人には会いたくないって、そんなんじゃどこもないよね。じゃあさ、うちの教室に来て子どもたちのためにクッキーを焼いてくれよ。時給は最低賃金の１２００円。ここにいた時間だけ時給を出してやるよ」

すると、彼はサブスク代を稼ぐために、月末に1週間だけ来てクッキーを焼いていくようになりました。最初はできるだけ早く帰りたそうにしていましたが、最近は洗い物も全部終わらせて帰ります。彼はいつも「時給１２００円分、きちっと働いてるだろう？」と私に聞いてくるようになり、私は「はい。働いてくださいました」と返事をしています。

そして、高校3年生になってからはほぼ毎日うちに来て勉強しています。勉強を始めてからは、「卒業したら専門学校もいいな」と言い始めています。本当は大学に行きたいんです。でも今現在、中学校2年生の勉強をしているところなので、「それは無理だよ」と現実を伝えました。それでも本人は「絶対、高校は卒業する」と言って頑張っています。

学校に戻すだけではなく新しいエンジンを積む

不登校の子どもが通える場所として、学校以外の学びの場が注目されていますが、私としては基本的に、義務教育期間中は学校に戻すことが必要だと考えています。

- 不登校の理由が学校になければ学校に戻す。
- 不登校の理由が学校にあるのならば転校、もしくは学校でない場所を探す。
- 障害や病気などの診断がついたら、診断名や病名は休む理由ではなく、学校に戻るための手段に使う。

不登校というものは、子どもを学校に戻すだけでは解決しないことを知っている学校関係者は少ないものです。不登校の子どもたちに対しては、学校に戻した後に、そこからどのような道を歩むかまでを見届けてあげる必要があります。実際、私が代表を務めている『まほろび』では、就職して、勤務状態が落ち着いていく25歳くらいまでの支援を続けています。

義務教育で一度不登校を経験して、なんとか復学ができて高校受験をし、合格して順調に進んでいたのに高校進学後、不登校に戻ってしまう子も珍しくはありません。一度、家のなかでの快適な生活を味わってしまうと、ちょっと嫌なことがあっただけでも不登校に戻ろうとします。

それでも一度外の世界に出た子は、外の世界も必要だということは学んでいるので、学校には戻りたいけど戻れない、戻れたはずなのに戻れないという自分の状態に慌てます。でも、それはよい兆候で、子どもがその状態に陥ったときには、

「学校に行くということは過程であって、将来は仕事をするのだから」

と、卒業した後の社会を見せていきます。そうやって子どもたちに、新しいエンジンを積んであげるのです。

キャリア教育に適職診断を活用する

不登校の子どもたちに、自分の将来を考えさせたいとなったとき、ネックになるのは彼らがキャリア教育を受けていないという事実です。社会にはどんな職業があるのか、ぼんやりとしか知らないからです。

現在学校では、中学校2年生のときに職場体験をする時間が設けられていて、子どもが希望する職場に実際に行って仕事を体験してくる授業があります。どんな職場に行くのか希望を取る前に、さまざまな職業を自分たちで調べて発表する座学もあります。インターネットや本で調べたり、身近な大人にインタビューをしたりする課題もあり、それだけでもずいぶんといろいろな職業を知ることができる授業になっています。

とはいえ、職場体験の授業を受けていない不登校の子どもたちは、個々の職業のことは知らなくても、お金については普段からとても気にしています。将来に不安を持っているためお金がなくなることも恐れているので、家にいながら稼げる手段をしょっちゅう調べています。大人顔負けの、FXに詳しい子もよく見かけます。

「20代 金持ち」「楽に金儲け」「ニート 生活費」

不登校の子どもたちはそんな単語をしばしば検索しています。問題なのは一度検索してしまうと、その後にはその関連広告ばかりがパソコンの画面に出てくるので、彼らに入ってくる情報が偏ることです。

私は、お子さんが中学校2年生になった親御さんに、有料の性格診断や職業適性検査をお子さんと一緒に受けるように勧めています。自分がどういう性格で、どんな職業が向いているかが分かるだけでなく、検査結果の冊子にはさまざまな職業についての解説が詳しく書いてあるため、まるでシミュレーションゲームをしているかのように、不登校の子たちはとても喜びます。

検査を受けさせるときには、「検査をするよ」と言っても「なんでそんなのを受けるの？」と怪訝な顔で言われますから少し仕掛けをつくります。まずは、お母さんがひどくしんどそうな顔をして、こう言ってください。

「お母さん、転職しようと思っていて、職業適性検査っていうのをやってみたいんだけど、面白そうだからあなたもやらない？」

質問事項に使われている単語が大人用でちょっと難しいこともあるので、親子でワイワイ言いながら楽しくやったほうがいいでしょう。複雑な思いで日々を過ごしていたところに、実力や才能ではなく性格から判定されて「こんな職業に就けるよ」と言ってもらえるのですから、それは子どもたちにとって夢や希望になります。

私は、彼らが教室で喜んでワイワイやっているときに、一緒に話をしながら具体的に職業を絞っていきます。「この仕事ならできそうだわー」とその子が興味を持った仕事があったら、そこから逆引きをして指導をしていくのです。

「そのためには専門学校に行って資格を取ったほうがいいって書いてあるね。その資格を調べてみようか」と声を掛けて、事前に買っておいた資格試験の本を取り出し、「へえ、こんな内容だってさ」とリアルに見せてあげれば、前向きになっていきます。

彼らのなかで漠然としか感じられていなかった「職業」というものを、リアルなものにして見せることがキャリア教育にはどうしても必要です。

「自分は本当はこんな性格だったんだ！」
「この性格の俺でもこれになれるんだって」
「この仕事が向いてるって書いてある！」

みんな、嬉しそうに結果を持って話しに来てくれます。

私の教室で行っている検査の結果は紙の冊子でもらえますから、子どもたちは何度も何度も見返して、「ここに書いてある性格は、自分はちょっと違うと思う」などと線を引き始める子どもも結構出てきます。

そんな子どもたちの姿を見ていると、親御さんも嬉しくなって表情が穏やかになります。親の笑顔を見て、子どももまた前を向ける。そんな効果もあるのです。

不登校の子がなりたいものになるために

『まほろび』では、適職検査を受けて結果が出たら、それを踏まえてもう少し具体的な機関につなげていくことも行っています。

たとえば性格が美容師に向いていて本人も興味が出てきたとします。検査結果を読んで専門学校に行くことは分かったけれど具体的に何をする仕事なのかを体験させるために、私はよく、化粧品メーカーがデパートで開催している美容スタッフ向けの、夜間の無料の美容講座などに申し込んで連れて行きます。こちらは中学生で、周りは大人ばかり。最初の頃は私も心配していたのですが、一流メーカーの講習だからか丁寧に教えてくれました。

ものづくりに興味がある子の場合によく協力してもらうのは「職業能力開発センター」です。一日体験も設けられていて、先日は筆箱をつくらせていただきました。

今では「将来、○○になりたい」と子どもが言い出したら、すかさず「講習に行ってこい！」と促します。すると、長い間家から出られなかったり、学校に行けなかったりした子どもでも、すんなり外に出ていきます。

「とりあえず何か仕事を見てきなさい」と言われても、行く気にはならないけれど、自分の性格や適職の分析がされて方向性が決まった後ならば、「その仕事をリアルに体験してみようよ」と誘えば、「自分に向いている職業だって書いてあったし、一度見てみようかな」と動き出すのです。「ほら、デパートのお姉さんが店頭で化粧してくれるじゃない？ああいう人になれるんだよ」と声掛けすれば、子どもは目をキラキラさせてくれます。この経験から受験に向かっていく子もいるし、アルバイトを始める子もいます。特にアルバイトをする子たちが学ぶのは「（正社員ではなく）アルバイトでお金を得ることは大変なんだ」ということだけでなく、働くことに対する基本の考え方です。子どもによってはそのアルバイト経験が新しいエンジンとなって本格的に就職活動をし始める子もいます。

子どもたちにとって、自分の未来の仕事を探すことはとてつもなく楽しいことなのです。私は子どもたちによく言っています。

「自分の将来を設計することってゲームより楽しいんだよ」

「ゲームは人がつくった世界のなかでしか動けないけれど、人生や自分の将来は無限に動かせるんだよ」

不登校の子がゲームに求めているものは承認欲求です。人に認められるとか、人に必要とされるということが承認欲求の正体ですが、それは人と仲良くするというような浅さではなく、「お前がいないとダメなんだ」と仲間から言われたり求められたりすることです。彼らの社会的欲求を満たしてあげるためには、彼らが集団のなかに入って活動ができるような場所を探し、勉強でもスポーツでも作業でも、友達と顔を突き合わせて何かを一緒にやって互いに認め合える機会を意識的につくってあげなければいけません。

「日常はゲームよりも快感を得られる」

それを彼らに感じさせるために、現実の世界に戻してあげることでしか、不登校の子どもを救う道はないのです。

〈了〉

おわりに

この原稿を執筆中の夏休みにも、子どもたちは『まほろび』の教室に通ってきています。教室の夏休みはお盆期間のみで、この時期には受験を目指している子が机に向かっています。この子どもたちの真剣な眼差しをみていると、本当に不登校だったのか？　と首をかしげたくなります。

不登校の児童生徒への支援方法にはさまざまな形があり、子どもたちを取り巻く環境と共に変化しています。そして、今は、国が不登校の子どもたちが通いやすい学びの場を整え始め、不登校の子たちが学べる環境は全国的にどんどん増えてきています。「学校が嫌なら家にいていいよ」という時代は終わりに近づき、国としても「不登校であっても必ず学ばせるんだ」という方向に向かいつつあります。

不登校は子どもの成長過程に起こるものですから、そこに適切な支援があれば必ず自立します。

そのためにも、周りの大人たちには、不登校の子どもたちに「嫌なら学校に行かなくていいよ」と言ってほしくありません。

親は子どもに期待をしますし、期待されている子どもは期待に応えようと頑張ります。そのことに何の問題もありません。一番やってはいけないことは（子どもが「健康であれば」が前提ですが）、頑張っていた子どもが、ふとしたことで躓いて学校に行けなくなったときに、先の見通しもなく「学校に行かなくていいよ」「好きなことをしなさい」と言い続けることです。みんなと同じように学校に通いたいと思っている子どもは、その言葉によって「見放された」と感じて傷ついてしまうのです。

大人たちは、子どもに一度期待をかけたら見放さないでください。

私の子どもたちへの進路指導の根拠は、本人が「楽なほうに流れようとしている」のか、それとも「挑戦をしたいと思っているのか」どうかです。そこを見極めて指導をしています。ですから、親御さんも、お子さんへの期待を持ち続けてください。そして、お子さんにチャレンジする機会を与えてあげてください。そのために、第三者の力を利用していただきたいと切に願っています。

この本の執筆に当たっては、『まほろび』の子どもたちと親御さんに、多大なるご協力をいただきました。この場を借りてお礼申し上げます。

2023年9月吉日

守矢俊一

守矢俊一（もりや・しゅんいち）

1967年東京都生まれ。中央大学法学部に在籍中から不登校児童生徒とかかわる。不登校児童生徒とその保護者の支援を始めて35年。

現在は、NPO法人まほろび理事長として都内で適応指導・学習支援教室まほろび（人形町、吉祥寺）を運営、毎年120名を超える児童生徒の支援にあたる。

同法人の活動として「不登校・学校生活が苦手な児童生徒の高校進学を考える進路相談会」を毎月都内4カ所で開催。年間300名以上の不登校児童生徒の保護者から相談を受けている。

発達障害の人の支援を行うNPO法人あかしろきいろの理事も務めている。

まほろび公式サイト https://www.manabure.com/

ゲームと不登校
学校復帰へのサインを見逃さないために

2023年10月6日 初版第一刷発行

著者
守矢俊一

発行者
小川洋一郎

発行所
株式会社ブックマン社
http:// www.bookman.co.jp
〒101-0065 千代田区西神田3-3-5 TEL03-3237-7777 FAX03-5226-9599
ISBN978-4-89308-961-8

印刷・製本
図書印刷株式会社